ALL OF HOUSING REPAIR ASSESSMENTS

住宅改修
アセスメントの
すべて ［改訂版］

介護保険「理由書」の
書き方・使い方マニュアル

高齢者生活福祉研究所　所長
加島　守　*Mamoru Kashima*

三和書籍

はじめに

　介護保険制度が創設されたことにより、福祉用具のレンタルや住宅改修の制度を利用しやすくなることができました。しかし介護保険制度改正により、平成18年4月から住宅改修費の給付を受けるに当たり事前申請制度になりました。事前申請をするに当たり理由書作成委員会（介護保険制度下での住宅改修事業の質の向上に関する調査研究事業委員会）では、あくまでも今までトラブルを起こしていた内容、すなわち

「高額な改修費を請求された」
「介護保険制度を利用すれば全額戻ってくると言われたが、介護保険制度適用外であった」
「不必要な工事まで行われた」

などの問題に対して、申請前に予め工事内容を確認し、工事後のトラブルを少なくするためのものでした。

　さらに、今までケアマネジャーの方にとっては「住宅改修はわからない。」「住宅改修は苦手。」という方もいらっしゃるかもしれませんが、「理由書」を使用することにより、住宅改修の流れを理解しやすくすることができるようにという目的で作成されましたので、

　この理由書を使用して住宅改修をいかに効果的に利用していただくかという視点から、住宅改修とは何か、住宅改修を行う上で考慮しなければならないことは何か、などについて述べさせていただきたいと思います。

目　次

はじめに ……………………………………………………………………………………… i

第1章　介護保険制度を利用した
　　　　福祉用具と住宅改修の手続き

介護保険サービスを受けるには ……………………………………………………… 2

　　要介護認定 ……………………………………………………………………………… 2

福祉用具に関するサービス ……………………………………………………………… 3

　　居宅介護福祉用具貸与および介護予防福祉用具貸与、

　　特定福祉用具販売および特定介護予防福祉用具販売 …………………………… 3

住宅改修費給付サービス ………………………………………………………………… 5

　　居宅介護住宅改修費、介護予防住宅改修費 ……………………………………… 5

　　住宅改修費の支給申請の流れ ……………………………………………………… 6

　　住宅改修費事前申請に必要な書類 ………………………………………………… 6

　　確認・発注・施工・完成 …………………………………………………………… 6

　　事後申請に必要な書類 ……………………………………………………………… 6

　　住宅改修の種類 ……………………………………………………………………… 7

介護サービス関係住宅改修 Q＆A（厚生労働省）…………………………………… 8

第2章　住宅改修とは

住宅改修の目的 ………………………………………………………………………… 16

　　自立とは ……………………………………………………………………………… 16

　　生活の範囲を拡げよう ……………………………………………………………… 16

　　生活障害と捉えること ……………………………………………………………… 17

住宅改修とは …………………………………………………………………………… 18

　　住宅改修の方法 ……………………………………………………………………… 18

　　住宅改修の視点と流れ ……………………………………………………………… 19

　　高齢者対応住宅と住宅改修の違い ………………………………………………… 20

Contents

第3章　住宅改修におけるアセスメント

住宅改修プランをつくるに当たって ································· 22

ニーズとディマンズ ·································· 22

ニーズのレベル ···································· 24

閉じこもりの定義 ··································· 24

介護が必要になった原因 ······························ 25

ICFと住環境整備 ································· 26

ICF構成要素 ···································· 27

生活の種類 ······································ 27

ICF参考事例 ···································· 28

生活動線の把握 ···································· 30

身体機能の把握 ···································· 30

総合的な判断 ····································· 30

他職種との連携 ···································· 31

第4章　住宅改修「理由書」の書き方・使い方

「理由書」の必要性 ·································· 34

事前申請制度 ····································· 34

「住宅改修が必要な理由書　フォーマット P1,P2」 ·············· 36

理由書作成の留意点 ································· 38

「利用者の身体状況」 ································ 38

「介護状況」 ····································· 39

「住宅改修により、利用者等は日常生活をどう変えたいか」 ········· 40

「福祉用具の利用状況と住宅改修後の想定」 ················· 41

「①改善をしようとしている生活動作」 ··················· 42

「②　①の具体的な困難な状況」 ······················ 43

「③改修目的・期待される効果・改修方針」 ················· 44

「④改修項目（改修箇所）」 ……………………………………………… 46

実際の理由書の書き方 …………………………………………………… 47

理由書の利用方法 ………………………………………………………… 48

第5章　各場所における留意点

各場所におけるアセスメント ……………………………………………… 50

トイレ …………………………………………………………………………… 51

排泄動作 …………………………………………………………………… 51

トイレまでの移動 ………………………………………………………… 51

トイレ内動作 ……………………………………………………………… 54

トイレからの移動 ………………………………………………………… 57

浴室 ……………………………………………………………………………… 58

入浴動作 …………………………………………………………………… 58

浴室までの移動 …………………………………………………………… 58

脱衣室の出入り …………………………………………………………… 59

脱衣 ………………………………………………………………………… 59

浴室への移動 ……………………………………………………………… 59

すのこ ……………………………………………………………………… 60

洗体（および洗髪） ……………………………………………………… 60

浴槽またぎ（浴槽の出入り） …………………………………………… 60

浴槽内立ち座り …………………………………………………………… 63

浮力の影響 ………………………………………………………………… 63

フォローアップ …………………………………………………………… 63

玄関～門 ………………………………………………………………………… 64

玄関における動作 ………………………………………………………… 64

玄関までの移動 …………………………………………………………… 64

上がり框の昇降 …………………………………………………………… 65

靴の着脱 …………………………………………………………………… 67

施錠・開錠 ………………………………………………………………… 67

門までの移動 ……………………………………………………………… 68

「その他」の場所 ……………………………………………………………… 72

Contents

居室改修における注意点 ……………………………… 72

段差解消 ……………………………………………… 72

洗面台 ………………………………………………… 73

階段昇降機（介護保険外）…………………………… 74

段差解消機 …………………………………………… 76

第6章　演習

事例プロフィール …………………………………… 80

病院内 ADL …………………………………………… 80

身体状況 ……………………………………………… 81

住環境 ………………………………………………… 82

介護状況 ……………………………………………… 82

本人の希望 …………………………………………… 82

家族の希望（妻）……………………………………… 82

1F 図面 ……………………………………………… 82

アセスメント ………………………………………… 85

「利用者の身体状況」記入例 ………………………… 85

「介護状況」記入例 …………………………………… 85

排泄動作についての確認 ………………………… 86

入浴動作についての確認 ………………………… 86

外出動作についての確認 ………………………… 87

「①改善をしようとしている生活動作」のチェックおよび、

「②　①の具体的な困難な状況」記入例 …………… 88

方針 …………………………………………………… 89

「住宅改修により、利用者等は日常生活をどう変えたいか」記入例 … 89

「福祉用具の改修前の利用状況と住宅改修後の想定」記入例 … 90

「③改修目的・期待される効果」のチェックと「改修方針」記入例 … 91

「④改修項目（改修箇所）」記入例 …………………… 92

「住宅改修が必要な理由書　A 氏記入例 P1,P2」…… 93

第7章　住宅改修相談Q&A

Q1　手すりの設置をすすめるべき？ ———————————— 96

Q2　高齢者の身体機能の特徴 ————————————— 97

Q3　母の浴槽のまたぎが心配です ———————————— 99

Q4　バリアフリー住宅とはどういうもの？ ——————— 103

Q5　住宅改修におけるケアマネジャーの役割 ————— 104

Q6　住宅改修費用について ————————————— 105

Q7　退院時の住宅改修の注意点 ———————————— 107

Q8　家庭内事故 ——————————————————— 108

Q9　住宅改修と福祉用具の使い分け —————————— 112

Q10　歩行器 or 住宅改修？ —————————————— 113

Q11　手すりの機能 —————————————————— 114

Q12　段差はとるべき？　残すべき？ —————————— 115

Q13　立ち上がりの工夫 ———————————————— 116

Procedure of housing repair and assistive technology using nursing-care insurance system

介護保険制度を利用した
福祉用具と住宅改修の手続き

介護保険サービスを受けるには

要介護認定

介護保険制度を利用する場合には、要介護認定を受けなければなりません。要介護認定を受けないで住宅改修を行っても、改修費を給付されませんので注意が必要です。

平成12年4月から施工された介護保険制度では、65歳以上の方は第1号被保険者、40歳から64歳の人は第2号被保険者となります。

介護保険の対象者は、介護が必要であるとの認定を受けた第1号被保険者と、特定疾病に該当する病気［表1］で、介護が必要になり、認定を受けた第2号被保険者です。

介護保険サービスを受けるまでの手続きは［図1］、ご本人かご家族が市区町村の介護保険課もしくは地域包括支援センターに要介護認定の申請を行います。そして、認定調査員による調査と主治医の意見書をもとに介護認定審査会が開かれ、要支援1、要支援2に該当すると介護予防給付サービスが受けられ、要介護1から要介護5に該当すると介護保険サービスを受けることができます。非該当（自立）に認定を受けた方は、介護予防サービス、介護保険サービスを受けることはできません。

[図1] **要介護認定申請からサービスまでの流れ**

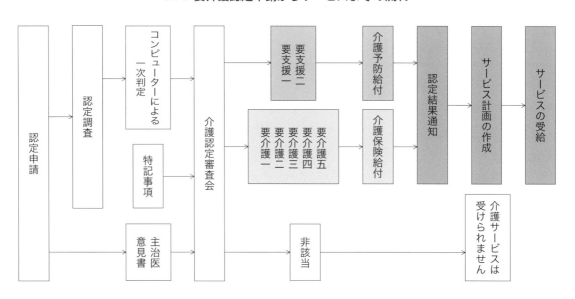

[表1] **特定疾病**

1. がん【がん末期】
   （医師が一般に認められている医学的知見に基づき回復の見込みがない状態に至ったと判断したものに限る。）
2. 関節リウマチ
3. 筋萎縮性側索硬化症
4. 後縦靭帯骨化症
5. 骨折を伴う骨粗鬆症
6. 初老期における認知症
7. 進行性核上性麻痺、大脳基底核変性症及びパーキンソン病
8. 脊髄小脳変性症
9. 脊柱管狭窄症
10. 早老症
11. 多系統萎縮症
12. 糖尿病性神経障害、糖尿病性腎症及び糖尿病性網膜症
13. 脳血管疾患
14. 閉塞性動脈硬化症
15. 慢性閉塞性肺疾患
16. 両側の膝関節又は股関節に著しい変形を伴う変形性関節症

福祉用具に関するサービス

居宅介護福祉用具貸与および介護予防福祉用具貸与、特定福祉用具販売および特定介護予防福祉用具販売

　介護保険（介護予防給付）によるサービスの中で、福祉用具に関するサービスは、居宅介護（介護予防）福祉用具貸与と、居宅介護（介護予防）特定福祉用具販売があります。

　居宅介護（介護予防）福祉用具貸与の支給対象となる福祉用具は下記の通り、

①車椅子（自走用標準型車椅子、普通型電動車椅子、又は介助用標準型車椅子に限る）
②車椅子付属品（クッション、電動補助装

[表2] **福祉用具の受給品目**

福祉用具貸与

車椅子
車椅子付属品（階段昇降機を含む）
特殊寝台
特殊寝台付属品
床ずれ防止用具
体位変換機（起き上がり補助装置を含む）
手すり（工事を伴うものは除かれる）
スロープ（工事を伴うものは除かれる）
歩行補助杖
認知症老人徘徊感知機器（離床センサーを含む）
移動用リフト（吊り具の部分を除く、階段昇降機を含む）

購入

腰掛け便座
特殊尿器（尿または便が自動的に吸引されるもの）
入浴補助用具（入浴用いす、浴槽用手すり、浴槽内いす、入浴台、浴室内すのこ、浴槽内すのこ、入浴用介助ベルト）
簡易浴槽
移動用リフトの吊り具の部分

置等）

③特殊寝台

④特殊寝台付属品（サイドレール、マットレス、スライディングボード、介助用ベルト等）

⑤床ずれ防止用具

⑥体位変換器（起き上がり補助装置を含む）

⑦手すり（工事を伴うものは除かれる）

⑧スロープ（段差解消のためのものであって、工事を伴うものは除かれる）

⑨歩行器（・車輪を有するものにあっては、体の前及び左右を囲む把手等を有するもの・四脚を有するものにあっては、上肢で保持して移動させることが可能なもの）

⑩歩行補助杖（松葉つえ・多点つえ等）

⑪認知症老人徘徊感知機器（離床センサーを含む）

⑫移動用リフト（立ち上がり座いす、入浴用リフト、段差解消機、階段移動用リフトを含む＊吊り具の部分を除く）

⑬自動排泄処理装置（尿・便が自動的に吸引されるもの）の本体部分があります。

ただ、要支援1・2の方、要介護1の方は、原則①から⑥および⑪⑫の品目は原則利用できません。（例外あり）また、⑬の自動排泄処理装置については（尿のみを自動的に吸引するものは除く）、要介護1から3のものについては算定しません。

これらの福祉用具は購入ではなく、いわゆるレンタルできるものですので、必要な時に必要なものへ変更することが可能です。

上記のように要介護度によってレンタルできるものとできないものなどがありますし、介護度による給付限度額との兼ね合いがありますので、担当のケアマネジャー（介護支援専門員）の方に確認していただ

けるとよいでしょう。

居宅介護（介護予防）特定福祉用具販売の支給対象となる福祉用具は

（ア）腰掛け便座（和式便器の上に置き腰掛け式に変換するもの、補高便座、昇降機能付き便座、ポータブルトイレ、水洗ポータブルトイレ）

（イ）入浴補助用具

（入浴用いす、浴槽用手すり、浴槽内いす、入浴台、浴室内すのこ、浴槽内すのこ、入浴用介助ベルト）

（ウ）簡易浴槽

（エ）移動用リフトの吊り具の部分

（オ）自動排泄処理装置の交換部品（レシーバー、チューブ、タンク等）

があります。

ただし都道府県から指定を受けていない事業者から購入した場合は、支給の対象にはなりません。また年間10万円までが限度額で、その1割（本人の収入により2割もしくは3割）が自己負担になります。

これらの福祉用具は実際に購入して費用を支払った後、申請書等所定の書類を介護保険課に提出してから、その購入に要した費用の9割（本人の収入により8割もしくは7割）が支給されます。

この購入費を申請できる金額は、4月から翌年の3月までの1年間に10万円が限度となっています。

福祉用具の貸与も販売のものも、その商品が問題解決、すなわち不便になった動作や行為を解決することができるかどうかを確認するとともに、さまざまな商品の中から適切な商品を選ばなくてはならないため、ケアマネジャーの方や福祉用具専門相談員の方々に、利用者ご本人の状態を詳しく説明しながら検討されるとよいでしょう。

住宅改修費給付サービス

居宅介護住宅改修費、介護予防住宅改修費

　要介護認定で、要支援1、要支援2、要介護1〜5の認定を受けた方であれば、住宅改修費の給付を受けることができます。

　住宅改修費として支給される限度額は20万円で、その9割（収入により8割もしくは7割）が保険給付されます。ですから、9割給付の方の場合は20万円以上の費用がかかった場合には、18万円、費用が10万円かかった場合には、9万円支給されます。支給限度額は要介護度に関係なく、最高20万円となっています。

　また、要介護状態を基準として「介護の必要の程度の段階」が定められ［表3］、第1段階から第6段階に分けられていま

す。第1段階は要支援1、第2段階は要支援2または要介護1、第3段階は要介護2、第4段階は要介護3、第5段階は要介護4、第6段階は要介護5の方です。

　この「介護の必要の程度」の段階が、3段階以上上がった場合には、再度20万円まで給付を受けることができます。（これを「3段階リセットの例外」と言います。）

　例えば、第1段階の方（要支援1の方）が住宅改修を20万円行い、住宅改修費の支給を受けた場合、介護の必要の段階が第4段階（要介護3）になった時に、また住宅改修が必要と認められると再び20万円まで支給されることができます。第3段階（要介護2）の方でしたら、第6段階（要介護5）になった時に、また住宅改修が必要と認められると再び20万円まで支給されることができるということです。

　介護の必要の段階が3段階上がらない

[表3] **介護の必要の程度の段階**

「介護の必要の程度」の段階	要介護等状態区分
第6段階	要介護5
第5段階	要介護4
第4段階	要介護3
第3段階	要介護2
第2段階	要支援2　又は　要介護1
第1段階	要支援1

場合でも、住宅改修費は20万円を限度として支給されるので、最初の工事で10万円支給された後に、再度10万円まで改修工事を行うことができます。

転居した場合には、転居前に支給された住宅改修費とは関係なく、転居後の住宅について20万円まで給付を受けることができます（「転居リセットの例外」といいます）。

住宅改修費の支給申請の流れ

住宅改修費の支給を受けるには、住宅改修工事を行う前に、事前申請に必要な書類を市町村へ提出しなくてはなりません。この事前申請をした後で改修工事を行い、市町村は、事前申請通り工事が行われたことを確認してから、住宅改修費の支給を決定します。

なお、入院中や入所中の方は、原則として住宅改修費の支給が受けられないことと、新築や増築は対象になりません。

住宅改修費事前申請に必要な書類

住宅改修費の事前申請に必要な書類は
①住宅改修費支給申請書
②工事費見積書
③住宅改修が必要な理由書
④住宅改修の予定の状態が確認できるもの
⑤住宅所有者の承諾書（住宅所有者と申請者が異なる場合）
これらの書類が必要になります。

②の工事費見積書は、住宅改修の支給対象となる費用の内訳がわかるように、材料費、施工費、諸経費等が区分されたものとなっています。

④の住宅改修の予定の状態が確認できるものというのは、便所・浴室・廊下等の個所ごとの改修前および改修後の予定の状態を写真や図で示したものとされています。

確認・発注・施工・完成

事前申請を行い、市町村が必要と認め決定通知書等の書類が送られてから、工事の発注を行い、施工が完成してから、住宅改修支給申請を行います。

事後申請に必要な書類

事後申請というのは、事前申請と異なり改修工事後に「住宅改修」の申請を行う方法ですが、すべての人が事後申請できるのでなく、入院または入所者が退院または退所後に住宅での生活を行うため、あらかじめ住宅改修に着工する必要がある場合等「やむを得ない事情がある場合」ですが、事前に介護保険住宅改修担当者に報告し、担当ケアマジャーと連携をとるようにされるとよいでしょう。

住宅改修完成後に必要な書類は
①住宅改修に要した費用にかかわる領収書
②工事費内訳書
③住宅改修の完成後の状態を確認できる書類
これらの書類が必要になります。

③の住宅改修の完成後の状態を確認できる書類とは、便所・浴室・廊下等の個所ごとの改修前及び改修後の写真とし、原則として撮影日がわかるものとなっています

住宅改修の種類

　介護保険における住宅改修費の支給対象となる住宅改修の工事種別ですが、以下の6項目が支給対象となっています。

①手すりの取り付け
　廊下、便所、浴室、玄関から道路までの通路等に転倒予防もしくは移動または移乗動作を助けることを目的として設置するものです。

②段差の解消
　居室、廊下、便所、浴室、玄関等の各室間の床段差および玄関から道路までの通路等の段差を解消するための工事をいい、敷居を低くする工事や、スロープを設置する工事、浴室の床のかさ上げなどがあります。

③滑りの防止および移動の円滑化等のための床又は通路面の材料の変更
　居室においては畳敷きから板製床材やビニル系床材等への変更、浴室においては床材の滑りにくいものへの変更、通路面においては滑りにくい舗装材への変更などがあります。

④引き戸等への扉の取り換え
　開き戸を引き戸、折り戸、アコーディオンカーテン等に取り換える扉全体の取り換えのほか、ドアノブの変更、戸車の設置、引き戸等の新設、「ドアの撤去」などがあります。

⑤洋式便器等への便器の取り換え
　和式便器を洋式便器に取り換える工事が一般的です。和式便器から、暖房便座、洗浄機能が付加されている洋式便器への取り換えは含まれますが、すでに洋式便器である場合には、暖房便座に変更したり洗浄機能付き便座に変更する場合は含まれません。
　また、非水洗和式便器から水洗洋式便器または簡易水洗洋式便器に取り換える場合は、水洗化または簡易水洗化の部分は含まれません。

⑥その他
　①から⑤の住宅改修に付帯して必要となる住宅改修

　付帯工事としては、以下のものが考えられます。
１）手すりの取り付け
　手すりの取り付けのための壁の下地補強など

２）段差の解消
　浴室の床段差の解消（浴室の床のかさ上げ）に伴う給排水工事やスロープの設置に伴う転落や脱輪防止を目的とする柵や立ち上がりの設置など

３）床又は通路面の材料の変更
　床材の変更のための下地の補強や根太の補強又は通路面の材料の変更のための路盤の整備など

４）扉の取り換え

扉の取り換えに伴う壁又は柱の改修工事など

5）便器の取り換え

便器の取り換えに伴う給排水工事（水洗化もしくは簡易水洗化に係るものは除かれます）、便器の取り換えに伴う床材の変更など

介護サービス関係住宅改修 Q&A
（厚生労働省）

Q1 領収証は写しでもよいか

A1 申請時にその場で領収証の原本を提示してもらうことにより確認ができれば、写しでも差し支えない。

Q2 支給申請の際、添付する工事費内訳書に関し、材料費、施工費等を区分できない工事があるが、全て区分しなければならないか。

A2 工事費内訳書において、材料費、施工費等を適切に区分することとしているのは、便所、浴室、廊下等の箇所及び数量、長さ、面積等の規模を明確にするためである。このため、材料費、施工費等が区分できない工事については無理に区分する必要はないが、工事の内容や規模等が分かるようにする必要はある。

Q3 申請に添付する必要がある改修前後の写真は、日付が分かるものとのことであるが、日付機能のない写真機の場合はどうすればよいか。

A3 工事現場などで黒板に日付等を記入して写真を撮っているように、黒板や紙等に日付を記入して写真に写し込むといった取扱をされたい。

Q4 住宅の新築は住宅改修と認められていないが、新築住宅の竣工日以降に手すりを取り付ける場合は、給付対象となるか。

A4 竣工日以降に、手すりを設置する場合は住宅改修の支給対象となる。

Q5 賃貸住宅の場合、退去時に現状回復のための費用は住宅改修の支給対象となるか。

A5 住宅改修の支給対象とはならない。

Q6 賃貸アパートの廊下などの共用部分は住宅改修の支給対象となるか。

A6 賃貸アパート等の集合住宅の場合、一般的に、住宅改修は当該高齢者の専用の居室内に限られるものと考えるが、洗面所やトイレが共同となっている場合など、当該高齢者の通常の生活領域と認められる特別な事情により共用部分について住宅改修が必要であれば、住宅の所有者の承諾を得て住宅改修を行うことは可

能であり、支給対象となる。しかしながら、住宅の所有者が恣意的に、当該高齢者に共用部分の住宅改修を強要する場合も想定されるので、高齢者の身体状況、生活領域、希望等に応じて判断すべきものである。

Q7 分譲マンションの廊下などの共用部分は住宅改修の支給対象となるか。

A7 賃貸アパート等と同様、専用部分が一般的と考えるが、マンションの管理規程や他の区分所有者の同意（区分所有法による規定も可）があれば、共用部分の住宅改修も支給対象とすることができる。

Q8 要介護者が子の住宅に一時的に身を寄せている場合、介護保険の住宅改修を行うことができるか。

A8 介護保険の住宅改修は、現に居住する住宅を対象としており、住所地の住宅のみが対象となる。子の住宅に住所地が移されていれば介護保険の住宅改修の支給対象となる。なお、住民票の住所と介護保険証の住所が異なる場合は一義的には介護保険証の住所が住所地となる。

Q9 現在、入院している高齢者がまもなく退院する予定であるが、住宅改修を行うことができるか。又、特別養護老人ホームを退去する場合はどうか。

A9 入院中の場合は住宅改修が必要と認められないので住宅改修が支給されることはない。ただし、退院後の住宅について予め改修しておくことも必要と考えるので、事前に市町村に確認をしたうえで住宅改修を行い、退院後に住宅改修費の支給を申請することは差し支えない（退院しないこととなった場合は申請できない）ものと考える。特別養護老人ホームを退去する場合も、本来退去後に住宅改修を行うものであるが、同様に取り扱って差し支えない。

Q10 家族が大工を営んでいるが、住宅改修工事を発注した場合、工賃も支給申請の対象とすることができるのか。

A10 被保険者が自ら住宅改修のための材料を購入し、本人又は家族等により住宅改修が行われる場合は、材料の購入費を住宅改修費の支給対象とすることとされており、この場合も一般的には材料の購入費のみが支給対象となり工賃は支給対象外とすることが適当である。

Q11 介護予防住宅改修費の理由書を作成する者は「介護支援専門員その他要支援者からの住宅改修についての相談に関する専門的知識及び経験を有する者」とされており、従来は、作業療法士、福祉住環境コーディネーター検定試験二級以上その他これに準ずる資格等を有する者とされていたが、地域包括支援センターの担当職員が作成することは可能か。

A11 可能である。

Q12 手すりには、円柱型などの握る手すりのほか、上部平坦型（棚状のもの）もあるが、住宅改修の支給対象となるか。

A12 支給対象となる。高齢者によっては、握力がほとんどない場合やしっかり握れない場合もあるので、高齢者の身体の状況に応じて手すりの形状を選択することが重要。

Q13 床段差を解消するために浴室内にすのこを制作し、設置する場合は住宅改修の支給対象となるか。

A13 浴室内すのこは、特定福祉用具の入浴補助用具の浴室内すのこ（浴室内において浴室の床の段差の解消ができるものに限る）に該当するものと考えられるので、住宅改修ではなく福祉用具購入の支給対象となる。

Q14 （住宅改修）上がり框の段差の緩和のため、式台を設置したり、上がり框の段差を二段にしたりする工事は支給対象となるか。

A14 式台については、持ち運びが容易でないものは床段差の解消として住宅改修の支給対象となるが、持ち運びが容易なものは対象外となる。また、上がり框を二段にする工事は床段差の解消として住宅改修の支給対象となる。

Q15 昇降機、リフト、段差解消機等の設置は住宅改修の支給対象となるか。

A15 昇降機、リフト、段差解消機等といった動力により床段差を解消する機器を設置する工事は住宅改修の支給対象外である。なお、リフトについては、移動式、固定式又は据え置き式のものは、移動用リフトとして福祉用具貸与の支給対象となる。

Q16 滑りの防止を図るための床材の表面の加工（溝をつけるなど）は、住宅改修の支給対象となるか。また、階段にノンスリップを付けたりカーペットを張り付けたりする場合は支給対象となるか。

A16 いずれも床材の変更として住宅改修の支給対象となる。なお、ノンスリップが突き出していたり、あまりに滑りが悪いとつまづき転落する危険性もあるので、工事に当たっては十分に注意が必要である。

Q17 扉そのものは取り替えないが、右開きの戸を左開きに変更する工事は住宅改修の支給対象となるか。

A17 扉そのものを取り替えない場合であっても、身体の状況に合わせて性能が代われば、扉の取替として住宅改修の支給対象となる。具体的には右開きの戸を左開きに変更する場合、ドアノブをレバー式把手等に変更する場合、戸車を設置する場合等が考えられる。

Q18 既存の引き戸が重く開閉が容易でないため、引き戸を取り替える場合は住宅改修の支給対象となるか。

A18 既存の引き戸が重く開閉が容易でないという理由があれば支給対象となる。ただし、既存の引き戸が古くなったからといって新しいものに取り替えるという理由であれば、支給対象とはならない。

Q19 リウマチ等で膝が十分に曲がらなかったり、便座から立ち上がるのがきつい場合等に、既存の洋式便器の便座の高さを高くしたい場合、次の工事は便器の取替として住宅改修の支給対象となるか。（ ①洋式便器をかさ上げする工事 ②便座の高さが高い洋式便器に取り替える場合 ③補高便座を用いて座面の高さを高くする場合）

A19 ①は支給対象となる。 ②につい

ては、既存の洋式便器が古くなったことにより新しい洋式便器に取り替えるという理由であれば、支給対象とはならないが、質問のように当該高齢者に適した高さにするために取り替えるという適切な理由があれば、便器の取替として住宅改修の支給対象として差し支えない。③については、住宅改修ではなく、腰掛け便座（洋式便器の上に置いて高さを補うもの）として特定福祉用具購入の支給対象となる。

Q20 和式便器から洗浄機能等が付加された洋式便器への取替は住宅改修の支給対象となるか。

A20 商品として洗浄便座一体型の洋式便器が一般的に供給されていることを考慮すれば、「洋式便器等への便器の取替」工事を行う際に、洗浄便座一体型の便器を取り付ける場合にあっては、住宅改修の支給対象に含めて差し支えない。

Q21 既存の洋式便器の便座を、洗浄機能等が付加された便座に取り替えた場合、住宅改修の支給対象となるか。

A21 介護保険制度において便器の取替を住宅改修の支給対象としているのは、立ち上がるのが困難な場合等を想定しているためである。洗浄機能等のみを目的として、これらの機能が付加された便座に取り替える場合は住宅改修の支給対象外である。

Q22 和式便器の上に置いて腰掛け式に変換するものは住宅改修に該当するか。

A22 腰掛け便座として特定福祉用具購入の支給対象となる。

Q23 住宅改修費について、階段に滑り止めのゴムを付けることは、「滑りの防止及び移動の円滑化等のための床材の変更」としてよいか。

A23 「滑りの防止及び移動の円滑化等のための床材の変更」に当たる。

Q24 玄関から道路までの段差解消や手すりの設置は住宅改修の支給対象となると解してよろしいか

A24 貴見のとおり。
対象となる工事の種類は、通路への手すりの設置、通路へのスロープの設置、コンクリート舗装への変更等である。

Q25 居室から屋外に出るため、玄関ではなく、掃出し窓にスロープを設置する工事は対象となるのか。また、スロープから先の道路までの通路を設置する工事は対象となるのか。

A25 玄関にスロープを設置する場合と同様に、スロープは段差の解消として、通路の設置も通路面の材料の変更として、住宅改修の支給対象となる。

Q26 玄関から道路までの通路の階段の段差を緩やかにする工事は住宅改修の支給対象となるか。

A26 玄関の上がり框（かまち）への式台の設置等と同様に、段差の解消として支給対象となる。

Q27 通路面の材料の変更としてはどのような材料が考えられるか。また、この場合の路盤の整備は付帯工事として支給対象となるか。

A27 例えば、コンクリート舗装、アス

ファルト舗装、タイル舗装、レンガ舗装等が考えられる。路盤の整備は付帯工事として支給対象として差し支えない。

Q28 通路面について、滑りの防止を図るための舗装材への加工（溝をつけるなど）や移動の円滑化のための加工（土舗装の転圧など）は、住宅改修の支給対象となるか。

A28 いずれも、通路面の材料の変更として住宅改修の支給対象となる。

Q29 門扉の取替えは、住宅改修の支給対象となるか。

A29 引き戸等への扉の取替えとして支給対象となる。

Q30 (住宅改修) 脱衣所と浴室床の段差を解消するため、浴室床のかさ上げ又はすのこの設置 (住宅改修に係るものに限る) を行ったが、浴室床が上がったために行う次の①から③の工事について、段差解消に伴う付帯工事として取り扱うこととしてよいか。
①水栓の蛇口の下に洗面器が入らなくなったために、水栓の蛇口の位置を変更。
②浴室床が上がったために、相対的に浴槽の底との高低差が増え、浴槽への出入りが困難かつ危険になった場合の浴槽をかさ上げするなどの工事
③②の状態で、技術的に浴槽のかさ上げが困難な場合の浴槽の改修又は取替の工事

A30 ①から③いずれの場合も介護保険の住宅改修の給付対象として差し支えない。

Q31 平成12年12月に住宅改修の種類が「床段差の解消」から「段差の解消」と改正されたが、これに伴い高齢者が自立して入浴又は介助して入浴できるよう、浴室床と浴槽の底の高低差や浴槽の形状（深さ、縁の高さ等）を適切なものとするために行う浴槽の取替も「段差の解消」として住宅改修の給付対象として取り扱ってよいか。

A31 浴槽の縁も、玄関の上がり框と同様「段差」に含まれるものとして取り扱って差し支えないものと考える。

Q32 介護保険の給付対象となる住宅改修について、利用者が施工業者から利用者負担分（施工費用の1割）の全部又は一部について、助成金や代金の返還等によって金銭的な補填を受けていた場合の取扱い如何。

A32 介護保険法上、住宅改修費の額は、現に当該住宅改修に要した費用の額の90／100に相当する額とされている。即ち、住宅改修の代金について割引があった場合には当該割引後の額によって支給額が決定されるべきでものであり、施工業者が利用者に対し利用者負担分を事後的に補填した場合も、施工代金の割引に他ならないことから、割引後の額に基づき支給されることとなる。

なお、施工業者と相当の関連性を有する者から助成金等を受けていた場合についても同様である。

Q33 住宅改修が必要な理由書の様式が示されたが、市町村独自で様式を定めることは可能か。

A33 3月の課長会議で示した様式は標

準例としてお示ししたものであり、それに加えて市町村が独自に定めることは可能である。

Q34 「滑りの防止及び移動の円滑化等のための床又は通路面の材料の変更」について、居室においては、畳敷から板製床材、ビニル系床材等への変更等が想定されると通知されているが、畳敷から畳敷（転倒時の衝撃緩和機能が付加された畳床を使用したものなど同様の機能を有するものを含む。以下同じ。）への変更や板製床材等から畳敷への変更についても認められるか。

A34 居宅要介護被保険者の心身の状況、住宅の状況等を勘案して必要と認められる場合には、お尋ねのような変更（改修）についても認められる。

住宅改修とは

住宅改修の目的

住宅改修を行うに当たり、なぜ住宅改修を行うのかということについて考えてみましょう。

利用者の方々の生活状態は、何年間も同じ状態であることはありません。安定して日々生活を送られていると思われていても、家庭内における事故（内容は転倒・転落・溺死・火災が多く、場所は居間・台所・階段が多い）や老化による身体状態の不安定性により、急に寝たきりの状態になる可能性があります。まず、これらの「事故を防ぎ生活を安定させる」という目的と、さらに「自立した生活を送る」という目的が達せられて、その人らしい安定した生活を送ることができると考えられます。

自立とは

介護保険法では「その有する能力に応じ自立した日常生活を営むことができるよう、必要な保健医療サービス及び福祉サービスに係る給付を行うため、国民の共同連帯の理念に基づき介護保険制度を設け」と第一条の目的に挙げています。そのため自立の意味を「他の援助を受けずに自分の力で身を立てること」の意味で使用しているように思われますが、筆者は「自立とは、自分でしたいことをしたいときに行うこ

と。及び自分で拒否・選択・決定できる過程そのための援助を自立支援という。」と定義しています。

この自立の意味で、いかに自分でしたいことをしたいときに行うことができるのか、そして自分で選択できるよう援助するために、住宅改修を利用することが必要ではないでしょうか。

生活の範囲を拡げよう

自分でしたいときにしたいことを行うという意味をもう一度考えてみた時に、生活範囲から考えると目標が立てやすくなります。

「トイレに行けると」「食堂や居間へいけると」「浴室で入浴ができると」「玄関まで出られると」「玄関から外に出られると」というこれら５つの課題が達成できること、すなわち生活範囲を拡げることができることと生活の質は比例するように向上します。

トイレに行けるということは、なんと言ってもプライバシーを守ることができます。臭いを気にしなくても良いですし、自尊心や自信の回復につながります。

食堂や居間へ行くことができると、寝間着から着替える第一歩となり、一緒に住んでいるご家族と生活時間を共にすることができます。

浴室で入浴ができるようになれば、身体を清潔にするばかりでなく、リラックスして入浴することもできるようになりますし、なにより入りたいときにお風呂に入ることができるようになります。

玄関まで出られるようになると、来客との応対も可能になります。一人で留守番を行うこともできますし、宅配便などを利用して好きなものを買うことができるようにもなります。配食サービスを利用しようとしてもお弁当の受け渡しができなければ話になりません。また、独居の方の場合、鍵の開け閉めを自分でできるかどうかは、ホームヘルプサービス等を利用する場合でもとても重要です。

玄関から外に出られることができれば、社会との接触の第一歩となりますし、好きなときに好きなものを買いに行くことができるでしょう。

これらのことをまとめると、希望が叶い、自分でできるようになり、そのことにより生活への自信が湧き、生活意欲が引き出されてきます。そして自立度が向上し、身体機能の維持及び向上につながります。

生活障害と捉えること

住宅改修を行う上で必要なことは、身体機能の把握はもちろんですが、生活を変えていく視点が必要になります。生活の中での不便さや困難なことを住宅改修を行って解決していくのです。したがって、身体障害の視点からではなく、生活障害の視点から生活の維持・向上を考えていくことが必要になります。

そのためには、本人の身体機能・介護者の状態、住環境および生活環境、今まで行っていた生活、今行っている生活、さらにこれから行いたい生活、これらの把握が必要になります。している生活やしたい生活の把握を行い、その生活を送るためには、現在の身体状況にどのように合わせて住宅改修を行うと、希望やニーズをかなえることができるかを考えることが必要です。

住宅改修とは

住宅改修とは、介護保険上で使用される用語ですから、その項目では手すり設置・段差解消・床材変更・ドア交換・ドア新設・和式便器から洋式便器への変更・付帯工事ということになりますが、生活障害を改善する意味で使用する場合にも、住宅改修という言葉の中に意味を含めて使用したいと思います。

住宅改修の定義ですが、「身体機能の低下により生じた住環境との不適合を解決するために行う住環境整備」と定義したいと思います。この住宅改修の方法にはいくつもの種類があります。

住宅改修の方法

一つには住み方の工夫があります。後片付けを行ったり、ベッドや箪笥の配置換えを行ったり、居室変更を行うなどのことです。回り階段部分に読み終わった新聞紙などを置いている方がいますが、回り階段の内側は段の踏み面（奥行き）が短く、階段を下りるときに内側を通ると足を踏み外しやすくなってしまいますので、置いてある物を片付けることが大切です。階段に手すりを設置するときも、できるだけ階段の中央付近を歩いていただくために、外回りに手すりを設置するようにします。その他、

足元に電気のコードがあると足を引っ掛けやすくなってしまいますので、コードを足の引っ掛からないところへ移動することが必要になります。

工事を行わない場合ばかりでなく、工事を行った場合でも、生活をしやすくするために住み方の工夫は必要になります。しかし最も難しいのが住み方の工夫だと言えるかもしれません。住み方を変えるということ自体に抵抗を示す方がいたり、なぜ変えなければならないのかご理解をしてくださらない場合が多いからです。

工事を伴わない方法のもう一つが、福祉用具の利用です。住宅改修と福祉用具は切っても切ることができない関係にあります。住宅改修と福祉用具の利用が最も多い場所が浴室でしょう。段差解消を行うのにすのこを使用する場合もありますし、何よりも手すり設置だけでなく入浴用いすを利用をすることが多いと思われます。入浴用いすの利点は、洗体時の座面が高くなり立ち上がりがしやすくなること、背もたれや肘置きが付いていると安定して座ることができるという点です。しかし欠点としては、洗い場が狭くなる、介護スペースが少なくなる、洗体時足元に手が届きにくくなる、蛇口が低くなるなどが挙げられます。利点と欠点を上手に説明して、洗い場の大きさと入浴用いすの配置、入浴用いすの機

能を考慮してから、手すり設置等の改修案を検討していただきたいと思います。

また、移動方法については、手すり設置のみで移動するのか、手すりとＴ杖や四点杖の併用を行うのか、平地歩行は歩行器を使用するのか、車いす移動をするのか、杖や手すりを併用すれば段差昇降が安定するか、どの程度の段差ならばスロープで対応できるのか、数年後を予測して床の嵩上げや沓ずり撤去などの段差解消を検討した方がよいのか、使用福祉用具と共に検討しなければなりません。

そして、実際に工事を伴う改修ですが、介護保険上の住宅改修項目、すなわち、手すり設置・段差解消・床材変更・ドア交換・ドア新設・和式便器から洋式便器への変更・付帯工事になります。

その他大きな工事では、増築や新築工事を行い検討していくことが考えられますが、増築や新築では介護保険の利用はできませんが、手すり設置等の介護保険改修項目工事や、福祉用具の視点やベッドや家具の配置、生活動線を考慮しなくてはなりません。

住宅改修の視点と流れ

住宅改修の支援を行う場合ですが、以下のように視点と相談の流れをまとめてみました。

①利用者および家族の生活全体の把握

利用者ご本人の生活を知らなくては、どのような生活障害を改善していくのかについて、支援を行うことはできません。目的は不便になった生活の改善を行うことです。住宅改修の工事費を援助することが目的ではありません。

②生活動線の確認

生活動線を把握していくと、生活の把握を行うことができるようになります。例えば、「台所にある勝手口からの出入りを行う」という動線から、「台所の勝手口から出入りをして生ごみを自分で集積所まで持っていく」という生活を把握することができるのです。

③本人・家族の希望の確認

どのような希望があるのかということだけでなく、なぜ手すりをつけたいのか、なぜ改修したいのか、その原因を確認するために希望を確認しましょう。ここではディマンズ（要望）を聞き出し、ニーズを把握するとともに、ディマンズとニーズを一致させることが必要になります。

④後片付けや配置換えおよび福祉用具の視点を必ず持つ

工事ですべてを解決しようとしても大掛かりになってしまうこともあります。より良い生活をするための一つの手段としての住宅改修と考えることが必要です。

⑤介護者の確認

打ち合わせのときにいらっしゃる方が必ずしも介護者であるとは限りません。実際に介護されている方と一緒に打ち合わせをすることがとても重要です。またご本人だ

けでなく、ご家族の方のお気持ちを知ることが大切です。

⑥本人・家族の方針の確認

　在宅生活を長く続けるのか、ホームヘルパーやデイサービス等の他のサービスの利用はどうなるのか、ケアプランを確認しながら、今後の在宅生活において住宅改修を行ってどのように生活をしていくのかの方針を決めて、住宅改修のプランニングをしていくことが重要です。

⑦改修規模と費用の確認

　建物が築何年経っているのか、建物自体の耐久性やメンテナンスも含めて行うのか、今後の生活をしていく上でどのくらい費用を出すことができるのか、必要最低限の工事で行うのか、必要最低限で生活障害を改善できるのか、など方針を決めていきながら、改修規模を決定していきます。

高齢者対応住宅と住宅改修の違い

　生活障害を改善していくための一つの手段として住宅改修を行うことは、人によって暮らしたい生活が違うことからケース・バイ・ケースの対応になります。利用者ご本人の生活に合わせて、その人らしい生活を送ることができるための住宅改修です。高齢者対応住宅はあらかじめこの様な生活ができるようにと、生活を想定し、建物からのバリアーをできるだけ取り除いたものです。住宅改修が、バリアフリー住宅にならないように個別性のある視点を持って行いたいものです。

住宅改修における
アセスメント

住宅改修プランをつくるに当たって

住宅改修を行うに当たって必要なことはニーズ（課題）の把握とディマンズ（要望）の把握を行い、ニーズとディマンズの一致を行うことにあります。ニーズというのは「第三者である専門職が客観的に見た必要性」と定義づけられます。

ディマンズというのは、「利用者及びその家族の希望、要望」と定義づけられます。

ニーズとディマンズ

ニーズとディマンズがかけ離れているところでの住宅改修は、本人にも家族にとっても必要のない住宅改修を行う可能性があります。例えば、「使いこなせない」「使えない」「使おうとしない」などの状態に表れ、「使いにくい」ということにもなってきてしまいます。「生活の不便さをもっと便利にすること。」という形で考えてニーズとディマンズが一致している場合には、「使いやすくなった」「使う回数が増えた」「動作が行いやすくなった」「早くなった」「生活しやすくなった」というような状況に現れてくるでしょう。

このときの注意点としては、「長期目標からみたニーズの把握」ということです。利用者及び家族の方々の将来を見据えて、支援する立場の人たちが客観的に見てニー

ズを把握するということになります。利用者や家族は、今の現実が楽になれば満足できるかもしれませんが、その有効期間が半年や一年間だけでは、また見直しが必要になり、その繰り返しを短期間に何回も行わなくてはならなくなってしまいます。おおよその将来的な期間の目安として五年程度が妥当なところだと思います。身体状況が維持できる目安は障害を持っていなくても節目が一つの目安になるでしょう。身体状況が維持できる目安は障害を持っていなくても節目が一つの目安になるでしょう。60代、70代、80代という年齢の節目節目で体力の低下を感じることは多くありませんか。その節目から考えても概ね五年程度、もしくは年齢の節目という期間が目安になると思います。

したがって現状のニーズだけでなく、その先に起こると思われる課題点及びニーズを把握し、そのニーズを解決するために短期的に現状をどのように変えていくか、という視点で住宅改修プランを提案していくことが必要です。

しかし、このときに押し付けのプランにならないように、ニーズの把握、ご利用家族の気持ち、工事費用、改修規模の確認なども行っていくことになります。たとえば、パーキンソン病のように進行性の病気である場合、ご家族の方は将来的に車いす

対応になることや寝たきりの状態になることは医師からの説明やさまざまな情報などで理解していたとしても、ご本人にとっては寝たきりになることは想像できませんし、第一寝たきりになりたくはありません。ですから、病名からニーズを把握したつもりになって、すべて寝たきり対応のバリアフリー改修を行おうとしても、ご理解が得られない場合があります。特にご本人にとっては寝たきりの状態になったときのことは想像もしたくはないでしょう。歩行機能が維持されている間のニーズに対しての住宅改修プランと車いす対応の住宅改修プランの両方を計画する必要があり、車いす対応の住宅改修プランが行いやすいように、現状ではこの程度の歩行対応住宅改修プランを立てていく、というような計画性のあるプランが必要になります。

また、ニーズとして把握していてもすべてのニーズがディマンズと一致するわけではありません。例えば、「階段に手すりをつけて欲しい」というディマンズがあります。身体機能を確認したところ、変形性の関節症があった、軽い脳梗塞があり血圧が不安定で状態の変化の可能性がある、などというような方で、階段昇降だけでなく玄関上がり框の段差昇降がやや不安定であったり、浴槽またぎが不安定な状態で今の状態では何とか行っている方に対して、玄関に手すりの必要性が感じられたり、浴槽またぎ動作を今後とも安定して行うには入浴用いすを使用した座位またぎのほうがこれから実用的になるだろうと思われることがあります。この様な場合には、潜在的なディマンズもしくは浮かび上がってきていないディマンズと言えるでしょう。住宅改修を行った後に「こんなに手すりが便利だとは思わなかった」「こんなに便利になるのであったら他のところも改修したい」と、後から浮かび上がるディマンズが表出されることがあります。これを浮かび上がっていないディマンズとして把握しなければなりません。これがモニタリングの重要性につながります。

このような場合には、工事終了後すぐに再工事依頼の起こることがあります。このときに大切なことは最初の工事終了後のモニタリングを行って、ディマンズの確認を行うということです。モニタリング時に何処の箇所がどのくらい便利になったか、生活がどのように変わってきたか、を確認することと同時に、今後どのように生活をし、必要な改修工事があるのかどうかに気づいていただくことが必要です。工事する側としては二度手間になってしまうのですが、ご本人方がニーズとして認識できていない場合には、ニーズに気づいて頂くための工事を行うことが多くあります。

また、工事のやり直しがみられることが多いのが住宅改修の特徴かもしれません。利用者の方にとってどのような住宅改修が自分に合っているのか、どのくらい便利なのか、使いこなしが必要なのか、が自分ではわかりにくいので、打ち合わせ通りに行ってもやり直しが必要になることがあります。このやり直しは失敗したのではなく、モニタリング及びフォローアップをし、住宅改修における目的、例えば目的が「外出頻度を増やす」であれば、頻度が増える目的を達成して終了するものとして考えると良いでしょう。

ニーズのレベル

ニーズというものにも各レベルの中の
ニーズがあります。

第一番目のレベルでは危険回避や生命維
持が優先順位の一番目になります。このレ
ベルの方は重度の方が想定されます。飲
食、排泄、保清、褥瘡予防などが優先順位
の一番最初になってきます。

第二のレベルとしては、現実のＡＤＬ遂行
に当たっての不便さからニーズを把握して
いきます。主に家屋内での生活で、調理や
洗濯などのIADL等を安全に行うという
ことについてのニーズということができま
す。ICF（生活機能分類）では活動レベル
に相当します。

三番目のニーズは、生活の楽しみや、生活
の張りになります。言い換えると趣味のレ
ベル、もしくは生活の質ということがいえ
るでしょう。買い物や生活の楽しみ、読書
や草花植栽のガーデニング、コンサート鑑
賞・旅行などが含まれると思います。特に
外出することができるということからこれ
らのニーズの再発見ができるようになると
思いますし、生活の拡がりや生活の質の変
化が見られていくところになります。ICF
では参加や役割のレベルに相当します。

これらのニーズとディマンズを一致させ
ていくことができるかどうか、ニーズや
ディマンズを引き出していくことができる
かどうかということは、単一職種のみでで

きるわけではありません。ケアマネジャー
を中心として、建築関係者、理学療法士・
作業療法士等の身体機能や障害に関する知
識のある職種、看護師、ホームヘルパーら
の多職種でチームアプローチを行う中で、
住宅改修の目標設定ができていくのではな
いでしょうか。そのときのキーマンになる
方は、ケアマネジャーの方です。ご本人や
ご家族のことをよく知り、場合によっては
生育暦や職歴、家族関係等も把握していく
中でご本人の生活とご家族と作り出してゆ
く生活そのものの評価を行うことができる
職種はケアマネジャー以外にはありませ
ん。従って、ケアマネジャーの方が利用者
のニーズの第一発見者となることが多いの
はそのためだと思います。

閉じこもりの定義

生活の拡がりから考えてみると、閉じこ
もりを防ぐというニーズが考えられます。
では閉じこもりというのはどのような場合
が考えられるでしょうか。

「世田谷区高齢者保険福祉ニーズ調査報
告書」平成13年3月によると、空間面の
閉じこもり・対人関係面での閉じこもり・
心理面の閉じこもりに分類されています。
空間面での閉じこもりは、外出頻度が「月
2回以下」で日常生活の行動範囲が「家の
中が主」だと生活満足度や生きがい、抑う
つの面から見て問題となる可能性が高いと
されています。

対人関係面での閉じこもりは、別居の親

族、友人・近隣そして町内会、自治会、老人クラブなどの地域のグループとの対面あるいは電話での接触が「月に1回以下」の場合に、生活満足度や生きがいが低く、抑うつが高いという問題を多く抱えていたとされています。

心理面の閉じこもりは、孤立していると感じることが「時々ある」または「そう感じているときが多い」というカテゴリーを選んだ人では「ほとんどない」を選択した人と比べて、生活満足度や生きがい、抑うつの面からみて問題となる可能性が高かったとされています。

このように閉じこもりの視点からニーズを考えてみると、家屋内動作（日常生活動作）の自立だけでなく、生活範囲の拡大と友人等地域とのかかわりを含めて外出頻度を増やす等生活範囲の拡大の必要性が重要であると思います。

また外出するためには、連続歩行の距離が少なくなってくる方にとっては休憩できる椅子や場所、洋式トイレ、坂道や段差の有無等の影響も受けるので、行政による屋外環境の整備やトイレマップなどの情報交換により閉じこもりを解消するという事が大切です。

地域によっては個食を防ぐための集まり等も行われているようですので、そのような情報収集や情報交換を地域包括支援センター等と行う事により、新しい地域コミュニティーの再構築にもつなげていく必要があるでしょう。

介護が必要になった原因

そして外出することができなくなった原因が何かという事を「介護が必要になった原因」からみてみたいと思います。

厚生労働省平成28年国民生活基礎調査[表4]によると、要支援1、要支援2の方等軽度者は、骨関節疾患や転倒骨折がきっかけで、要介護の方等中・重度者は脳血管疾患や認知症がきっかけで介護が必要になったことがわかります。

このことから、軽度者に対しては住環境支援を早めに行う事ができると重度化を防ぐことができるのはないかという仮説を立てることができるでしょう。

[表4] **要介護度別にみた介護が必要となった主な原因**（上位3位）　平成28年　注：熊本県を除く

要介護度	第1位		第2位		第3位	
総　数	認知症	18.0	脳血管疾患（脳卒中）	16.6	高齢による衰弱	13.3
要支援者	関節疾患	17.2	高齢による衰弱	16.2	骨折・転倒	15.2
要支援1	関節疾患	20.0	高齢による衰弱	18.4	脳血管疾患（脳卒中）	11.5
要支援2	骨折・転倒	18.4	関節疾患	14.7	脳血管疾患（脳卒中）	14.6
要介護者	認知症	24.8	脳血管疾患（脳卒中）	18.4	高齢による衰弱	12.1
要介護1	認知症	24.8	高齢による衰弱	13.6	脳血管疾患（脳卒中）	11.9
要介護2	認知症	22.8	脳血管疾患（脳卒中）	17.9	高齢による衰弱	13.3
要介護3	認知症	30.3	脳血管疾患（脳卒中）	19.8	高齢による衰弱	12.8
要介護4	認知症	25.4	脳血管疾患（脳卒中）	23.1	骨折・転倒	12.0
要介護5	脳血管疾患（脳卒中）	30.8	認知症	20.4	骨折・転倒	10.2

ＩＣＦと住環境整備

ニーズのレベルで三番目のニーズとして、ＩＣＦの参加・役割のレベルをあげさせていただきましたが、このＩＣＦについて説明したいと思います。

20世紀後半に入り、先進国での寿命の延長、慢性疾患や障害を伴う疾患の増加、戦争や災害による障害者の増加という現実と　障害者の人権尊重という機運とがあいまって、障害、すなわち「疾患が生活・人生に及ぼす影響」をみる必要があるという意識が高まり、ＩＣＩＤＨという新しい障害概念は1981年の「国際障害者年世界行動計画」の基本理念にも取り入れられ、世界中に知られるようになりました。

ＩＣＩＤＨのモデルは［図2］に示すと

おり、疾患・変調が原因となって機能・形態障害が起こり、それから能力障害が生じ、それが社会的　不利を起こすというものです。

例えば、脳卒中（疾患）により手足が動かなくなり（機能障害）、歩行その他の日常生活の　行為ができない（能力障害）ので、仕事ができない（社会的不利）、という考え方です。

しかしＩＣＩＤＨは障害というマイナス面を中心にみるもの等さまざまな批判を受けて、ＷＨＯは1990年に改定の動きを開始し、1992年から国際的な改定会議が毎年開かれ、その結果を2000年11月の最終的な年次会議に結集し、そこで最終案が成立し、2001年5月23日ＩＣＦを正式決定しました。

ＩＣＦは、人間の生活機能と障害に関し

[図2] **ＩＣＩＤＨのモデル図**

[図3] **各因子の関係図**

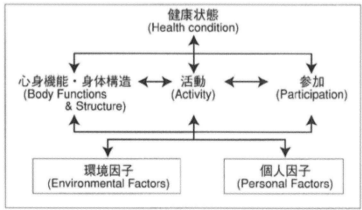

て、「心身機能・身体構造」「活動」「参加」
の3つの次元及び「環境因子」等の影響を
及ぼす因子で構成されていて、約1,500項
目に分類されています。

そして、プラスの用語を用いることと
なり、機能障害でなく「心身機能・構造」、
能力障害でなく「活動」、社会的不利でな
く「参加」を用い、環境因子と個人因子を
「背景因子」として、生活機能と障害に影
響する因子として取り上げ、新たに詳しい
「環境因子」分類が加えられました。
その関係を示したのが［図3］です。

このようにICFは、生活機能、環境因子
等の要因が**双方的に影響する**としています。

ＩＣＦ構成要素

ＩＣＦの構成要素には**生活機能**と**障害**と
背景因子があり、生活機能と障害は（1）
心身機能と身体構造、そして（2）活動と
参加に分けられます。**背景因子**は（3）環
境因子（4）個人因子に分けられます。

各要素の定義ですが、**心身機能**とは、身
体系の生理的機能（心理的機能を含む）、
身体構造とは、器官・肢体とその構成部分
などの、身体の解剖学的部分で身体とは人
体構造の全てを指し、脳とその機能である
心も含まれます。したがって精神的（また
は心理的）機能は心身機能に含まれます。
活動とは、課題や行為の個人による遂行
のことになり、**参加**とは、生活・人生場面
への関わりのことになります。

環境因子とは人々が生活し，人生を送っ
ている物的な環境や社会的環境、人々の社
会的な態度による環境を構成する因子で、
(a) 個人的環境因子として、家庭や職場，
学校などの場面を含む個人にとって身近な
環境など、人が直接接触するような物的・
物質的な環境、家族、知人、仲間になりま
す。(b) 社会的環境因子として、コミュニ
ティーや社会における公式または非公式な
社会構造で、サービス、または制度で個人
に影響を与えるものですので、就労環境、
地域活動、政府機関、交通のサービス、更
に法律、規定、規則、人々の態度、イデオ
ロギーなどがあります。
個人因子とは、個人の人生や生活の特別
な背景で、健康状態や健康状況以外のその
人の 特徴からなり、性別、年齢、その他
の健康状態、体力、ライフスタイル、習
慣、生育歴、困難への対処方法、社会的背
景、教育歴、職業、過去および現在の経
験、性格、個人の心理的資質、その他の特
質などが含まれます。

生活の種類

このICFを踏まえて、どのような生活
を送ることができるか、住環境支援により
どのような生活を送ることを目標とすれば
よいか考えてみましょう。

①している生活
今不便になってきた生活ができるようにと
いうニーズに対しての目標設定になりま
す。
②できる生活（実用性を考慮、マイナス面

で考えない）

　入院中のリハビリテーションなどで可能と思われる生活に対するニーズになります。しかしこの場合、例えば「10分連続歩行できるのにしていない」というようにマイナス面で考えるのではありません。本人側に10分連続歩行しない理由もあります。例えば「息子に外を歩くなと言われている」等言われて心配かけたくないという理由があるかもしれません。マイナス面を考えるのでなく、途中で休憩することができる座面付きの歩行車を使用すると、近所のコンビニ等に買い物に行く事ができるというようにプラス面で考えると良いでしょう。

③したい生活

　病院退院後、したくなる生活が出現することも良くあります。例えば「入院前に通っていた馴染みのお店に行きたい」「退院したら家の中を片付けて家事をきちんと行いたい」というように、病前の生活を送りたいというニーズの視点から見ることが必要です。

④できるであろう生活

　利用者ご本人は、病院等で過ごしている時、退院してどのような生活までできるのかイメージが湧かないことが多くあります。入院中にリハビリテーション等で、家に帰った時を想定して訓練を行っていると比較的イメージしやすいですが、病院で練習している生活が自宅に帰ってからの生活とは言えません。退院後ある程度自宅内の生活になれるのが最初は精一杯です。その後安定期になった時など、「このように環境を変更するとこのような生活を送ることができる」というのは、生活環境支援を行う専門職から新たなニーズとして把握し、

そのニーズに合わせた福祉用具や住宅改修の組み合わせで提案することが大切です。

ＩＣＦ参考事例

　事例でＩＣＦの考え方を記載したいと思います。

健康状態

　Ａさんは、15年前から右変形性膝関節症にて疼痛・関節拘縮による歩行が困難にて人工関節置換術施行。術後1か月経過しＴ杖歩行可能となりました。

心身機能・身体構造

　精神状態は安定し、リハビリの意欲もあります。認知機能は問題ありません。右膝関節屈曲方向にやや制限があり、筋力やや低下、Ｔ杖が離せない状態です。段差昇降時まだ力が入らず不安定です。

活動

　屋内移動は伝い歩きが可能です。調理及び洗濯は可能ですが、物を持っての移動が困難です。排泄はトイレを使用、下衣の上げ下ろしは一人で可能ですが、入浴は自宅の腰掛け台での立ち座り困難にてシャワー浴をしています。

参加

　独居にて家事全般何とか自分で行っています。近所の友人は時々様子を見に来てくれていますが、買い物等近所に出かけることができていません。

環境因子

　戸建住宅2階建て。各部屋と廊下の段差はないですが、1階リビングでは掘り炬燵で生活しています。玄関上がり框段差20

cm、玄関ポーチから門扉まで15cmの段差2段あります。要介護2。独居。近所に友人が何人もいます。

個人因子

70歳女性。身長160cm、体重55kg。定年までは調理師として働いていました。カラオケが好きで家庭用の機器を使用して唄っています。

　このAさんが退院後1か月経ち、環境因子を整えることで、心身機能・活動・参加レベルがどのように変化したか、変化したことをまとめたいと思います。

健康状態

退院後1か月経過した。

環境因子

　1階リビングの掘り炬燵をダイニングテーブルと椅子に変更しました。玄関に手すりと式台を設置、門扉まで手すりを設置。屋内用トレイ付き歩行車を使用。屋外用歩行車使用。入浴用いす及び浴室内手すりを設置しました。

活動

　調理及び洗濯等の屋内移動時、屋内用トレイ付き歩行車で物を持っての移動が可能となりました。入浴用いす及び住宅改修での手すり設置で浴槽内入浴が可能となりました。

参加

　屋外用歩行車を使用して、近所のコンビニに買い物に行けるようになりました。また、買い物に行けるようになったので、友人を招いて退院祝いをしました。

心身機能・身体構造

　家事等入院前よりも意欲が出てきました。また、右膝関節の制限も改善し、段差昇降時足に力が入ってきました。

　事例Aさんの状況を［図4］にまとめてみましたが、左下の環境因子が変わることにより、活動レベルや参加レベルだけでなく、心身機能にも変化が見られたことがわかります。

　このように環境因子と活動・参加レベル及び心身機能等が双方的に影響しているのが生活の機能という事です。

［図4］Aさんの生活機能の相関図

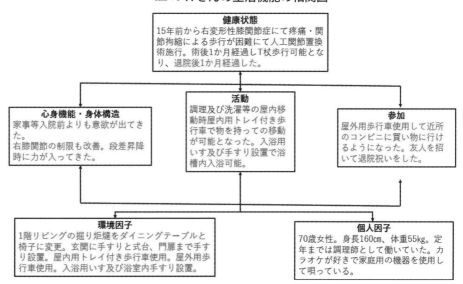

生活動線の把握

　生活機能の障害を取り除くための住環境支援（住宅改修）を行うにおいてニーズの把握が重要ですが、ニーズの把握を行うために必要なことが、生活動線の把握です。この生活動線を把握するためのポイントとしては、現在の生活動線を把握することと、過去の生活動線を把握することが必要になります。利用者の方々はご家族も含めて、高齢になって今までできたことができなくなってくるなど、障害を持って今までとは違う生活をしなくてはならなくなってきています。このことは、今までの生活と違う生活の再構築を行っているといえるでしょう。

　しかし、徐々に身体が回復して自信が付いてきますと、今までの生活をしたくなることがあります。このときの目標設定になるのが、病前の生活になります。「身体状況が変化しても生活は昔の通りの生活をしたい」というディマンズを引き出すためにも、過去の生活動線の把握が必要になります。

　そして、これからの生活をよりよく送る上で必要なのが、これからの生活動線です。しかし、この「これからの生活動線」はご本人たちにとってはなかなか思い浮かばないものです。ここで大切なのが、第三者からの視点であり、今までいろいろな方のご相談を受けてきた私たちが、これからの生活をいかに提案できるかということが、求められているのではないでしょうか。

身体機能の把握

　住宅改修は、「身体機能の低下により生じた住環境との不適合を解消するために行う住環境整備」です。したがって、住宅改修をアセスメントする場合には、身体機能のアセスメントなしで行うことはできません。通所リハビリテーションや訪問リハビリテーションを受けている利用者の方であれば、所属の理学療法士や作業療法士に身体機能や日常生活動作について確認し、どのような住環境であれば身体機能に合わせて生活ができるようになるか相談されるとよいでしょう。理学療法士や作業療法士と連携が取れない場合は、まずは無理のない範囲で実際に動作を行い、その動作を楽に行うにはどのようにすればよいのかを検討することが必要です。あくまでも無理のない範囲が基本になりますので、場合によっては人手も必要になるかもしれません。例えば、浴槽内の立ち座りを試しに行ってみたら、浴槽から出られなくなってしまった、ということがないようにしなくてはなりません。そして、各動作の分析を行うために、了解が得られたら写真を撮らしていただくのも1つの方法［写真A、B］です。後で改修内容や手すりの設置箇所の検討を行う場合に非常に有効になります。

総合的な判断

ディマンズの確認、ニーズの把握、生活動

線の把握、住環境の把握、身体機能の把握、改修案作成を行った後に総合的な判断を行います。プランを立てた住宅改修案で、ディマンズを満たすことができるのか、ニーズを解決できるのか、身体状況に合わせることができるのかを行いますが、一つの方法として、不便な動作が楽にできるようになるか、という視点でプランを立てるとよろしいと思います。楽にできるようになれば、結果的に回数が増えたり（例えば入浴回数）、早くできるようになったり、失敗しなくなったりと変化の把握を行うことができるようになるわけです。

他職種との連携

住宅改修はケアマネジャーの方が一人でできるわけではないですし、工務店の方な

らば間違いなくできるというわけでもありません。アセスメントをする上で、それぞれの立場で必要なアセスメントをチームで行い、最終的に総合的判断をしてプランニングし、利用者及び家族の方々に決定していただくものだと筆者は考えます。

チームで関わるときに、ディマンズを引き出す人、ニーズの把握をする人、生活動線の把握をする人、住環境の把握をする人、身体機能の把握をする人、それぞれの立場で一人の利用者にかかわり、総合的に優先順位をつけて住宅改修のプランを立てることが大切でしょう。

第4章

How to write and use of the housing repair statement of reasons

住宅改修「理由書」の
書き方・使い方

「理由書」の必要性

事前申請制度

平成18年度の介護保険制度見直しでは、住宅改修については事前申請制度を導入することになりました。その理由として、住宅改修においてのトラブル、すなわち「高額な改修費を請求された」「介護保険制度を利用すれば全額戻ってくると言われたが、介護保険制度適用外であった」「不必要な工事まで行われた」などが挙げられます。また、事前申請制度によってチェックを行うものであるとともに、住宅改修の質を向上させる目的で申請時に住宅改修の理由書を作成し、その手順に従って作成することによって**「住宅改修プラン作成を検討するためには、何を情報収集すればよい」**かがわかるようにされるものです。

筆者は、年間十数回ケアマネジャー及び建築関係事業者、理学療法士もしくは作業療法士らとのチームアプローチを行うための住宅改修プランニング研修会を行っています。そのときの感想として述べられるものが、「他職種の意見が聞けて良かった」「様々な見方が学習できた」「いろいろな改修プランを作ることができて参考になった」というものが挙がっています。この感想から考えて、どの職種も住宅改修プランニングを迷いながら行い、その結果の検証が確実には行われていないと思われます。

また、筆者は平成5年9月に財団法人武蔵野市福祉公社高齢者総合センター補助器具センター設立時に勤務し、平成17年3月末まで、年間平均200件近くの住宅改修のアドバイスを行ってきました。

平成12年3月までは、市の住宅改善費給付事業として居室・玄関等・トイレ・浴室・台所など場所ごとに給付限度額が設定され、その限度額の範囲内であれば自己負担金がなく工事を行うことができていました。

そのときのシステムとしては、市民が住宅改善費給付事業の申請を市役所の窓口及び在宅介護支援センターで行い、在宅介護支援センタースタッフから同行依頼を受け、住宅改修プランニングと工務店との同行訪問、申請書類・見積書・改修図面の確認、決定通知書作成（発注）、完了確認などトータルに住宅改修のプランニングを行ってきました。平成12年4月の介護保険制度施行に伴い、依頼者は利用者の担当ケアマネジャーになり、住宅改修プランニング依頼と工務店との同行打ち合わせ、及び改修後のフォローアップまでを業務として行ってきました。

介護保険制度前との違いとして、措置制

度の場合の給付は現在必要であるかどうか
を判断基準として行うのに対して、介護保
険制度では、現在不自由である状況確認と
ともに将来予測を行いながら、将来の暮ら
し方（長期目標）を挙げた中での現在どこ
まで改修するか（短期目標）を検討してい
ました。疾病により、長期的な目標の中で
の暮らし方をイメージした上で、今回は優
先順位としてどのような改修を行うかを検
討し、その結果、介護保険制度で支給され

る金額はいくらになる、というのが現在の
介護保険制度上の住宅改修のあり方ではな
いかと思われます。

　ですから「住宅改修が必要な理由書」を
事前に作成するということで、現在不便な
ところはどこか、必要な住宅改修はどのよ
うな改修かを検討していく１つのツール
として用いていただければよいのではない
かと思います。

[表5]　住宅改修が必要な理由書　フォーマット P1

住宅改修が必要な理由書 P 1

〈基本情報〉

利用者	被保険者番号		年齢　　歳	生年月日	明治 大正 昭和　年　月　日	性別 □男 □女
	被保険者氏名		要介護認定(該当に○)	要支援 1・2	要介護 経過的・1・2・3・4・5	
	住所					

保険者	確認日 平成　年　月　日	評価欄
	氏名	

現地確認日 平成　年　月　日	作成日 平成　年　月　日	確認印
作成者	所属事業所	
	資格(作成者が介護支援専門員でないとき)	
	氏名	
	連絡先	

福祉用具の利用状況と住宅改修後の想定

	改修前	改修後
●車いす	□	□
●特殊寝台	□	□
●床ずれ防止用具	□	□
●体位変換機	□	□
●手すり	□	□
●スロープ	□	□
●歩行補助つえ	□	□
●認知症老人徘徊感知装置機器	□	□
●移動用リフト	□	□
●腰掛け便座	□	□
●特殊尿器	□	□
●入浴用補助用具	□	□
●簡易浴槽	□	□
●その他	□	□
・・・・	□	□

〈総合的状況〉

利用者の身体状況

介護状況

住宅改修により、利用者等は日常生活をどう変えたいか

[表6] 住宅改修が必要な理由書　フォーマット P2

住宅改修が必要な理由書 P2

〈P1の「総合的状況」を踏まえて、①改善しようとしている生活動作②具体的な困難な状況③改修目的と改修の方針④改修項目 を具体的に記入してください。〉

	①改善をしようとしている生活動作	②①の具体的な困難な状況（…なので…で困っている）を記入してください	③改修目的・期待効果をチェックした上で、改修の方針（…することで…が改善できる）を記入してください	④改修項目（改修箇所）
排泄	□ トイレまでの移動 □ トイレ出入口の出入（扉の開閉含む） □ 便器からの立ち座り（移乗を含む） □ 衣服の着脱 □ 排泄時の姿勢保持 □ 後始末 □ その他（　　）		□ できなかったことをできるようにする □ 転倒等の防止、安全の確保 □ 動作の容易性の確保 □ 利用者の精神的負担や不安の軽減 □ 介護者の負担の軽減 □ その他（　　）	□ 手すりの取付け （　　）（　　）（　　）（　　）
入浴	□ 浴室までの移動 □ 衣服の着脱 □ 浴室出入口の出入（扉の開閉含む） □ 浴室内での移動（立ち座りを含む） □ 洗い場での姿勢保持（洗体・洗髪含む） □ 浴槽の出入 □ 浴槽内での姿勢保持 □ その他（　　）		□ できなかったことをできるようにする □ 転倒等の防止、安全の確保 □ 動作の容易性の確保 □ 利用者の精神的負担や不安の軽減 □ 介護者の負担の軽減 □ その他（　　）	□ 段差の解消 （　　） □ 引き戸等への扉の取替え （　　）
外出	□ 出入口までの屋内移動 □ 上がりかまちの昇降 □ 車いす等、装具の着脱 □ 履物の着脱 □ 出入口の出入（扉の開閉含む） □ 出入口から敷地外までの屋外移動 □ その他（　　）		□ できなかったことをできるようにする □ 転倒等の防止、安全の確保 □ 動作の容易性の確保 □ 利用者の精神的負担や不安の軽減 □ 介護者の負担の軽減 □ その他（　　）	□ 便器の取替え （　　） □ 滑り止め等のための床材の変更 （　　）
その他の行為			□ できなかったことをできるようにする □ 転倒等の防止、安全の確保 □ 動作の容易性の確保 □ 利用者の精神的負担や不安の軽減 □ 介護者の負担の軽減 □ その他（　　）	□ その他 （　　）（　　）

理由書作成の留意点

　住宅改修の理由書は、基本情報と総合的状況［表5、6］を把握し、住宅改修後の暮らし方を明確にしていきます。

❖「利用者の身体状況」

　疾病の発症からどのぐらい経過しているか、麻痺はあるか、動作としての立ち上がりやバランスの保持はどのような状態か、そして主たる家屋内での移動方法や屋外での移動方法も記述していきます。

　この「利用者の身体状況」を把握していくときに必要なことが、理由書を記入するためにお聞きするのではなく、利用者の方の現在の状態を知るために、過去の状態を聞きながら、なぜ現在の状態になっているかを把握することです。今現在、不便なことがあるのは、どのような病気になったからなのか、今まで転倒したことがあるのか、転倒したことがあるのならばどこで転倒したのか、また、転倒した原因として考えられる状態や病気はどのようなものなのか、それらを把握するためにお聞きし、利用者の方にもなぜ日常生活が不便になってきたのかを自覚していただくことが必要です。

〈書き方〉
　疾患名を記入し、現病歴と簡単なADLそして屋内移動状況、屋外移動状況を記入します。

［表7］　**記入例**

利用者の身体状況	脳梗塞、両側変形性膝関節症。平成○○年○月○日、脱水による脳梗塞と診断を受けて入院したが麻痺は無く、○月○日に退院。現在、起き上がりは物につかまれば可能。立ち上がり時に左膝疼痛あり。特に上がり框、段差の昇降は介助がないと難しい。屋内歩行はゆっくりだが、伝い歩きが可能、屋外移動は車椅子を介助により使用。

❖「介護状況」

各種介護サービスのみにとどまらず、家族の介護状況も記述していきます。

ご家族から「できるから大丈夫ですよ」と言われることも多くありますが、第三者から見て無理のない介護体制かどうかを把握していくことが必要です。介護疲れは徐々に蓄積していきます。時期的にある程度目安がはっきりしている短期間の介護ならば、乗り越えていくことができるかもしれませんが、長期化するとたまっている疲れが突然噴き出すかのように現れてくるものです。客観的に見て疲れがたまらないようにできるかどうかを見極めながら、家族にできることと家族ではない方がいいことの状況判断をして、ご家族と相談するようにしましょう。

〈書き方〉

「介護状況」では、独居であっても、介護できる家族の情報や、インフォーマルサービスによる介護状況を記入します。

[表8] **記入例**

介護状況	独居だが、隣りの市に長女が居住。通院程度の介護は可能だが、長女は腰痛と高血圧にて通院加療中。今は排泄についてはポータブルトイレを使用している。入浴は自宅入浴とデイサービスの利用時入浴を受ける予定。

❖「住宅改修により、利用者等は日常生活をどう変えたいか」

利用者及びご家族の方々が住宅改修によってどのような暮らしをしたいのかという要望と、専門職の判断も含めてニーズを総合的に記述していきます。

単に希望を聞くのではなく、改修後の生活を予測することが必要です。

「玄関を改修することで、外出頻度を増やしたい。」「浴室の改修を行うことで、入浴時間を短くし、入浴頻度を増やしたい。」「玄関の改修を行い、安全に玄関から外出できるようにして、好きな時に通院できるようにしたい。」など、今後の生活がわかるように記入すると、利用者および家族の方も、何のための改修か理解しやすくなるでしょう。

また、「利用者等は日常生活をどう変えたいか」というところに『利用者等』と記入されているのは、利用者の希望だけを記入するのではなく、ケアマネジャーが客観的にニーズを把握し、方針を記入する事が出来るようにするために『等』がつけられました。ですから、「現在の段階では浴室内の段差を改修することでシャワー浴を中心とし、今後入浴動作がリハビリテーションを行うことで安全にできるようになるようになったら、浴槽またぎについては再度検討する。」と、今後の状態に応じて再度検討する方針を記入する事も出来るようになっています。

〈書き方〉

希望を記入した後に、住宅改修を行うことで、今後の生活をどのように変えていきたいか、ニーズを踏まえて記入します。

［表9］ **記入例**

住宅改修により、利用者等は日常生活をどう変えたいか	トイレで排泄したい。入浴は通所介護や通所リハビリテーションで週2回程度入浴を利用しつつ、できるだけ自宅でも入浴したい。通所時の送り出し時も含めて外出時の介護負担を軽減したい。今後は通所介護もしくは通所リハビリテーションを利用していきたい。住宅改修を実施することにより、排泄の自立を第1目標とし、さらに外出時の負担軽減を図り、外出機会の増加を検討していく。

❖「福祉用具の利用状況と住宅改修後の想定」

住宅改修前に使用している福祉用具の記入のみならず、改修後に使用が想定される福祉用具を可能な限りチェックしていきます。住宅改修を行う上で福祉用具の使用を想定しない住宅改修は考えられません。また、福祉用具を想定する場合、使用者が本人か家族か、ヘルパーかも含めて検討することが必要です。必要に応じては、リハビリテーション専門職と連携して、手すりと杖をどのように使い分けるか、歩行器使用に実用性があるかなども確認をするとよいでしょう。

〈書き方〉

住宅改修前に使用している福祉用具の記入のみならず、改修後に使用が想定される福祉用具を可能な限りチェックしていきます。

[表10]　**記入例**

福祉用具の改修前の利用状況と改修後の想定	改修前	改修後
● 車いす（車いす付属品を含む）	☐	☑
● 特殊寝台（特殊寝台付属品を含む）	☐	☑
● 床ずれ防止用具	☐	☐
● 体位変換器	☐	☐
● 手すり	☐	☐
● スロープ	☐	☐
● 歩行器	☐	☐
● 歩行補助つえ	☐	☐
● 認知症老人徘徊感知機器	☐	☐
● 移動用リフト（つり具を含む）	☐	☐
● 腰掛便座	☑	☐
● 特殊尿器	☐	☐
● 入浴補助用具	☐	☑
● 簡易浴槽	☐	☐
● その他		
・ ———	☐	☐
・ ———	☐	☐
・ ———	☐	☐

❖ 「①改善をしようとしている生活動作」[37 ページ・表 6]

　改善しようとしている動作（すなわち現在不便な動作）にチェックしていきます。しかし今回の改修の対象になっていないものについてはチェックをしなくて結構です。項目としては排泄・入浴・外出・その他の活動に分け、移動については、トイレまでの移動は排泄にチェックし、浴室までの移動については入浴にチェックし、玄関出入り口までの移動については外出でチェックすることにしています。主な移動形態については理由書1ページ目の「利用者の身体状況」の中に屋内移動と屋外移動形態を記述するようにしています。

[表 11]　**記入例**

	①改善をしようとしている生活動作
排泄	☑ トイレまでの移動 ☑ トイレ出入口の出入 　（扉の開閉を含む） ☑ 便器からの立ち座り（移乗を含む） ☑ 衣服の着脱 □ 排泄時の姿勢保持 □ 後始末 □ その他（　　　　　　　　　）
入浴	☑ 浴室までの移動 □ 衣服の着脱 □ 浴室出入口の出入 　（扉の開閉含む） □ 浴室内での移動（立ち座りを含む） □ 洗い場での姿勢保持 　（洗体・洗髪含む） □ 浴槽の出入 □ 浴槽内での姿勢保持 □ その他（　　　　　　　　　）
外出	□ 出入口までの屋内移動 ☑ 上がり框の昇降 □ 車いす等、装具の着脱 □ 履物の着脱 □ 出入口の出入 　（扉の開閉含む） □ 出入口から敷地外までの 　屋外移動 □ その他（　　　　　　　　　）
その他の行為	

42　住宅改修アセスメントのすべて────介護保険「理由書」の書き方・使い方マニュアル

❖「②　①の具体的な困難な状況」

生活動作のレベル（例えば、立ち上がる・歩く・またぐ・段差昇降など）で、どのように困難かを具体的に記述するようにしています。

〈書き方〉

「②　①の具体的な困難な状況」の中で、「居室から廊下の 3cm の段差昇降が不安定であり、出入り口もつかまるところがなく扉の開閉動作が危険である」など、具体的に困難な現状を記入していきます。

入浴・外出についても同様に記入していきますが、例えば浴室への動線とトイレへの動線が同じ場合は、「②　①の具体的な困難な状況」については、「居室から浴室までの移動は「排泄」と同じ」というように記入してもよいと「理由書」作成委員会で決められました。

［表 12］　**記入例**

	②　①の具体的な困難な状況（…なので…で困っている）を記入してください
排泄	移動は伝い歩きでなんとか可能。左膝に痛みが生ずることがあり。居室から廊下に 3cm の段差があり、段差の昇降が不安定。出入口にもつかまるところがないので、扉の開閉動作が危なっかしい。便器への立ち座りおよび衣服の着脱はつかまるものがないため困難。特に立ち座り動作に苦慮している。
入浴	居室から浴室までの移動は「排泄」と同じ。
外出	上がり框に 40cm の段差があり、介助がないと昇降できないので困っている。
その他の行為	

❖「③改修目的・期待される効果・改修方針」

①②の状況を踏まえ、改修目的の項目をチェックしていきます。「改修の方針」では②の具体的な困難な状況をどのような改修を行うと改善するのかを記述していきます。例えば、

「つかまれるところを作る」
「立ち上がりの際の支えを確保する」

というような表現でも構いませんし、

「敷居を撤去して平らにする」
「廊下を3cmかさ上げする」
「10cmの式台を設置する」

など具体的に記述できればそのように記述します。そしてこの段階では住宅改修プランの検討に入っています。プランを具体的に検討する場合には、聞き取り調査や、想定だけでプランニングを行うのではなく、危険のない程度に実際に動作のシミュレーションを行うことが重要です。特に入浴動作では何らかの形で入浴用いすに腰掛け、お湯の入っていないドライ浴槽でも構いませんので実際に浴槽またぎを行うことが、具体的なプランニングになっていきます。

〈書き方〉

この現状に対し、「③改修目的・期待される効果」として、「・・・することで・・・が改善できる」と具体的に記入します。

例えば「居室と廊下の3cmの段差を解消することで、安全な歩行ができるようになる」
「居室とトイレの動線には連続してつかまれる物（手すり）が必要」

というように改修内容の方針を記入していきます。

この改修内容の方針は、実際には住宅改修のプランニングを行っているということが言えます。排泄行為として具体的に困っている状況や内容を把握し、その困難な状況を、一人でできるようにするのか、転倒の防止なのか、介護者の負担の軽減なのかという改修目的を決めた上で、改修方針としての段差解消や連続してつかまれる手すり、ドア開閉時の手すり、便器への立ち座りおよび衣服の着脱を容易にするための理由を記載します［表12］。

	③　改修目的・期待効果をチェックした上で、改修の方針（‥することで‥が改善できる）を記入してください	
排泄	☑ できなかったことをできるようにする ☑ 転倒等の防止、安全の確保 ☑ 動作の容易性の確保 ☐ 利用者の精神的負担や不安の軽減 ☐ 介護者の負担の軽減 ☐ その他	居室と廊下の3cmの段差を解消することで、安全な歩行ができるようになる。 居室とトイレの動線には連続してつかまれる手すりが必要。 ドア開閉時のために手すり設置。 トイレ内には、便器への立ち座りおよび、衣服の着脱を容易にするため立位保持を安定させる手すりを設置する。
入浴	☑ できなかったことをできるようにする ☑ 転倒等の防止、安全の確保 ☐ 動作の容易性の確保 ☐ 利用者の精神的負担や不安の軽減 ☐ 介護者の負担の軽減 ☐ その他	居室から浴室までの移動は「排泄」と同じ。
外出	☑ できなかったことをできるようにする ☑ 転倒等の防止、安全の確保 ☑ 動作の容易性の確保 ☐ 利用者の精神的負担や不安の軽減 ☑ 介護者の負担の軽減 ☐ その他	上がり框に縦手すりと式台設置により、上がり框の昇降を一人で行えるようにする。
その他の行為	☐ できなかったことをできるようにする ☐ 転倒等の防止、安全の確保 ☐ 動作の容易性の確保 ☐ 利用者の精神的負担や不安の軽減 ☐ 介護者の負担の軽減 ☐ その他	

❖「④改修項目（改修箇所）」

〈書き方〉

　例えば「手すり」であれば、トイレや浴室というような場所だけではなく、「便器横壁面」など取り付け位置まで具体的に記入をしていくとよいでしょう［表14］。

　このように記入をしていく中で、身体状況と介護状況、利用者・家族の希望やニーズを把握し、改善しようとしている動作とその具体的な困難な状況に対して、どのような改修方針を採るかによって、改修項目がまとめられるという流れを行うことにより、住宅改修案そのものの検討を行っていかれることを望みます。

［表14］　**記入例**

④改修項目（改修箇所）
☑手すりの取付け
（廊下の移動経路　　　　　　　　）
（便器横の壁：立ち座り・衣服着脱用）
（上がり框横壁面　　　　　　　　）
☑段差の解消
（廊下3cmかさ上げ　　　　　　　）
（上がり框に式台設置　　　　　　）
（　　　　　　　　　　　　　　　）
□引き戸等への扉の取替え
（　　　　　　　　　　　　　　　）
（　　　　　　　　　　　　　　　）
□便器の取替え
（　　　　　　　　　　　　　　　）
（　　　　　　　　　　　　　　　）
□滑り防止等のための床材の変更
（　　　　　　　　　　　　　　　）
（　　　　　　　　　　　　　　　）
□その他
（　　　　　　　　　　　　　　　）
（　　　　　　　　　　　　　　　）
（　　　　　　　　　　　　　　　）

実際の理由書の書き方

記入例（表7・38ページ、表8・39ページ）に示したように、＜総合的状況＞の「利用者の身体状況」では、診断名である脳梗塞と変形性膝関節症を記入し、現病歴と簡単なADLそして屋内移動状況、屋外移動状況を記入しています。

「介護状況」では、独居であるが、隣の市に居住している長女による介護状況を記入しています。

「住宅改修により利用者等は日常生活をどう変えたいか」については、「トイレで排泄したい。」「外出して通所リハビリテーションを利用していきたい」という希望を記入した後に、住宅改修により排泄に自立を第一目標とし、外出の機会の増加の検討というニーズも記入されています。

2ページ目の表8の「①改善をしようとしている生活動作」では、排泄においては、トイレまでの移動・トイレ出入り口の出入り（扉の開閉を含む）・便器からの立ち座り（移乗を含む）・衣服の着脱にチェックがしてあり、「①の具体的な困難な状況」の中で、「移動は伝い歩きで何とか可能であるが、左膝に痛みが生ずることで居室から廊下の3cmの段差昇降が不安定であり、出入り口もつかまるところが無く扉の開閉動作が危険である。トイレ内で困っている内容として、便器への立ち座り・衣服の着脱・便器からの立ち上がり動作が苦慮している」という現状が書かれています。

この現状に対し、「③改修目的・期待される効果」として、具体的に、「居室と廊下の3cmの段差を解消することで、安全な歩行ができるようになる」「居室とトイレの動線には連続してつかまれるもの（手すり）が必要」「ドア開閉のための手すり設置」トイレ内には、便器への立ち座り及び衣服の着脱を容易にするため立位保持を安定させる手すりを設置する」というように改修内容の方針が書かれています。この改修内容の方針は、実際には住宅改修のプランニングを行っているということが言えますが、排泄行為として具体的な困っている状況や内容を把握し、その困難な状況を、一人でできるようにするのか、転倒の防止なのか、介護者の負担の軽減なのかという改修目的を決めた上で、改修方針としての段差解消や連続してつかまれる手すり、ドア開閉時の手すり、便器への立ち座りおよび衣服の着脱を容易にするための工夫にも気がついています。

入浴・外出についても同様に記入していきますが、例えば浴室への動線とトイレへの動線が同じ場合は、「②　①の具体的な困難な状況」については、「居室から浴室までの移動は「排泄」と同じ」というように記入しても良いと委員会で話されました。

この様に記入をしていく中で、身体状況と介護状況と利用者家族の希望やニーズを把握し、改善しようとしている動作とその具体的な困難な状況に対して、どのような改修方針を採るかによって、改修項目がまとめられるという流れを行うことにより、住宅改修案そのものの検討を行っていかれることを望みます。

理由書の利用方法

　住宅改修の理由書は、申請時に必要だから記入するわけではなく、どのような情報を収集し、住環境の何処と身体機能や介護の状態との不一致が何処にあるかを見つけ出し、住環境で解決できるか、福祉用具で解決できるか、生活の仕方（例えばベッドの配置換えによる動線の変更や、ポータブルトイレに位置変更により移乗動作がス

ムーズに行くかなど）により解決できるのかを、記入していく流れの中で確認および検討していただければ幸いです。

　また、住宅改修の工事後に「①改善をしようとしている生活動作」でチェックしている項目が改善されているかどうかモニタリングで確認することが一つの目安になります。モニタリングを行うことによってフォローアップにつなげていただきたいと思います。

Assessment according to the movement seen from repair examples

各場所における
留意点

各場所におけるアセスメント

　住宅改修のプランニングをする上で生活状況を把握する方法として、排泄・入浴・外出・その他に分け、さらに排泄時の移動、入浴時の移動、外出時の移動というように、各場所における行為ごとの移動方法の把握を行った上でプランニングを行う方法が、住宅改修の理由書を用いた方法です。

　他の方法としては、場所ごとの把握の仕方があります。

　居室（寝室）・玄関等（廊下・階段を含む）・台所・トイレ・浴室という場所からアセスメントを行う方法です。

　この場合の特徴としては、居室においては、ベッドの配置・居室での立ち上がり動作や移動方法の確認、玄関等では排泄の時の廊下等の動線、入浴の時の動線、外出の時の動線、生活範囲が2階を利用している時の階段を通る動線把握というように部屋から部屋への動線と部屋の中での動作確認を行うことができます。

　この場合、各部屋だけをアセスメントするのでなく、各部屋から他の部屋への動線とその時の移動方法のアセスメントを行っていただくことが必要です。

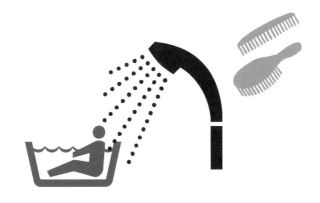

トイレ

排泄動作

　トイレの問題はトイレの中だけではありません。

　排泄動作自体のアセスメントが必要になります。

　排泄動作とは、
①今いる場所からトイレまでの移動
②トイレのドアを開ける
③中に入りドアを閉める
④方向転換し下衣をおろす
⑤着座する
⑥排泄する
⑦後始末をする
⑧立ち上がる
⑨下衣を上げる
⑩レバーを回して汚物を流す
⑪手を洗う
⑫ドアを開ける
⑬トイレの外に出る
⑭ドアを閉める
　という流れになります。

　トイレの改修ばかりに目が行くと、手すりの位置や場合によっては便座の高さばかりに目がいきがちですが、排泄動作で不便なのは立ち上がりばかりではありません。最も重要なのは、排泄をどうするかです。よく見かけるのが、立ち上がりがしやすいように便座を高くしたら、排泄しようと着座をした時に足が床から浮いてしまい不安定になってしまった、ということがあります。また、立ち上がるときのつかまりやすいところと座る時のつかまりやすいところが一致しない場合がありますので、立ち上がるときの手すりの位置ばかりに注意がいかないようにしたいものです。

トイレまでの移動

　トイレまでの移動のアセスメントの時は、今居る場所及び排泄したい時にいる場所からトイレまでの動線を把握することです。日中のトイレまでの動線ばかりでなく、夜間のトイレまでの動線、そして夜間の排泄方法の検討も必要になります。

トイレ内の立ち上がりが不便な場合、今いるところからの立ち上がりや、夜間トイレに行きたい時にいるところからの立ち上がり動作も把握しておきましょう。ベッドの高さやベッドから立ち上がった後の数歩が不安定な方も多くいらっしゃいます。また、夜間の場合、睡眠導入剤や安定剤などを服用し、起き上がり時や歩きはじめが不安定な方がいらっしゃいますので、その時につかまるところの検討や、ベッドの配置の検討も行いたいものです。

［写真１］（次ページ）の方は、トイレまでの移動に歩行器を使用されていた方ですが、居室及び寝室から廊下までの段差が30mmあったため、段差解消として廊下

[写真1] スロープ部分の色を変えて分かりやすくした例

[写真2] ドアノブを交換した例

のかさ上げを行いました。しかし、トイレ入り口と廊下の段差が無かったため、廊下を嵩上げするのは居室（寝室）から出て方向転換できるまでの長さにして、その後は緩やかなスロープを設置しトイレに入れるようにしたのですが、日中ばかりでなく、夜間も安全にスロープを歩行できるようにスロープ部分の色を変えて、スロープであることをわかりやすくしました。

廊下からトイレに入るためにはドアを開けるとともに、トイレ内の電気をつけるためにスイッチを入れることが多くあります。

［写真2］の方は、トイレに入るのにドアの取っ手が右側についていたため回り込んでからドアを開けていましたので、回り込まなくて済むように開き戸の吊り元を左側から右側へ変更し、左側にドアの取っ手

を移しました。最初はトイレに入るときに回り込まなくて便利になったということでしたが、しばらくしてからお電話があり様子を拝見してみたところ、ドアの取っ手は左側に来たけれど、スイッチは変更していなかったため、電気をつけるために結局は回り込まなければならないということでした。そこでスイッチの付け替えをして、回り込まなくても良いように再度工事をしました。

［写真3］の方は、トイレに入る際、沓ずりを跨がなくてはならず、足がつまずきそうになっていましたので沓ずりの撤去を行いました。この様な場合の対応策としては、手すりを設置して跨ぐ時のバランスを安定させる方法や、沓ずりを撤去してすり足でもつまずかないようにする方法があります。

[写真3] 沓ずり撤去の例

[写真4] 手すり設置により、車いすからの立ち上がりおよび、トイレの出入りを楽に行えるようになった例

しかし、沓ずりの撤去の工事をしても、段差が5mmや10mm程度残ることがあります。この5mmが高齢者や障害を持った方々にとっては、つまづきやすい不便な段差なのです。できるだけ工務店の方や建築関係者の方々と経験を積み重ね、「5mmは段差である。」ということを知っていただきたいと思います。

[写真4]の方は、右の片麻痺の方で、移動方法は車いすで片手片足駆動です。トイレまでの動線は段差解消し、トイレ前の縦手すりを設置し［写真4］、トイレの中にも横手すりを設置して［写真5］トイレの出入りと立ち座りを行いやすくしましたが、トイレ内の電気はセンサーを取り付けることにより中に入ると自動的に電気がつくようにしました［写真6］。

[写真5] トイレ内、立ち上がりを楽に行うための手すり

[写真6] センサーライト

[写真7] 便座の高さを補い、方向転換しやすい大きさの踏台

トイレ内動作

　トイレ内動作で思いつくのは便座からの立ち座りですが、不便になるのはそればかりではありません。トイレの入り方には、正面進入と側方進入がありますが、特に正面進入の場合便座に座る前に方向転換をしなければならないので、方向転換時安定して行えるように縦手すりの検討が必要になります。

　[写真7]の方は汽車式便器を洋式化できなかったために水洗式補高便座にしましたが、便座高が高いため踏み台を設置しました。踏み台上で方向転換をするため踏み

[写真8]　和式トイレの正面に設置した横手すりと、レバー操作を楽にするための工夫例いろいろ

[写真9] トイレL字手すり

[写真10] 手すりの出幅を広げた例

台の奥行きを400mmにして立ち座りだけでなく方向転換しやすいようにL字手すりを設置することにしました。この時に気をつけていただきたいのが、方向転換をどちら周りでするかによって縦手すりがどちら側に必要か変わってきますので注意をするようにしてください。

　[写真8] の方は和式トイレの正面に横手すりを設置して立ち座りは安全にできるようになったのですが、水洗レバーを押す力が弱くて困っていましたので、レバーに紐をつけ、下に引っ張るようにしてレバー操作ができるようになった事例です。この事例以外にも洋式トイレで何回も方向転換をすると目が回ってしまうということでレバーにプレートを固定し、そのプレートから紐を回して固定し、紐を引けばレバーが回って水が流れるようにした例もあります。水を流す方法としては、リモコン操作

にしたり、センサーで感知する方法もありますが、リモコンの場合にはタンクやタンクについているレバーの位置でリモコン操作ができなくなるものもありますので注意をしていただきたいと思います。センサーで感知するタイプは便利ですが、立ち上がったときに水が流れてしまうため、尿や便の状態を確認することができなくなってしまうことがありますので注意が必要です。

　[写真9〜12] の方は、左の片麻痺があり左手は随意的には動かすことができない方です。立ち座りのために右の壁にL字手すりをつけましたが、手すりの芯を壁から150mmにし [写真10]、縦手すりに腕を回してズボンの前側にあるボタンを外したり [写真11]、ズボンの上げ下ろしをする時に縦手すりに肩をもたれかけたりするために [写真12] 縦手すりの長さも900mm

［写真12］　縦手すりに肩をもたれかけて、ズボンの上げ下ろしを行っているところ②

［写真11］　縦手すりに肩をもたれかけて、ズボンの上げ下ろしを行っているところ①

にした例です。

　トイレ内の手すりというとL字手すりが思いつくことと思いますが、L字手すりの縦手すりは、立ちすわりを楽にするという役割と立位補助の役割があります。L字手すりの横手すりの役割は座位の安定と人によっては着座の時につかまる方、立ち上がりの時に手すりを押しながら立ち上がる方がいらっしゃいます。座位の安定の場合には、便座に着座した姿勢で肘を90度に曲げた時の肘の高さに横手すりを設置するとよいと思われますが、立ち座りに使用される方の場合は人により異なることがありますので、手すりのサンプルを利用して検討されるとよいでしょう。

　L字手すりをつける場合の縦手すりの位置の目安として、「便器の先端150mmから300mmの中で具合のよいところ」と考えられますが、立ち上がりを行うためには

やや前方に手すりがあると体幹を前屈させることがしやすい位置ということがいえます。しかし立ち上がりばかりでなく着座もあります。この着座の時はやや垂直に座りながら便座の奥深くに座る動作になりますので、両面を考えて縦手すりの位置を検討しましょう。

　着座して排泄をする時皆様の姿勢はどうなっているでしょうか。後ろにもたれて骨盤を後傾させて排泄している方はいらっしゃらないと思います。手すりが付いていなければ両腕を膝の上に置き、体幹を前傾させて排泄していると思います。特に排便時には、肛門の括約筋を弛緩させて排泄をするので気張りすぎても排便はしにくいものです。深呼吸をしながら横隔膜が下に下りるのを確認しながら腹圧をかけると排便しやすくなりますので、この時の体幹前傾位が取れるような工夫を必要とする方もい

[写真13] 排泄姿勢が前傾できるような手すり
（参考商品：TOTO 前方アームレスト EWC710）

らっしゃいます。[写真13] のような前方アームレスト（ＴＯＴＯ）も参考にしてください。

　排泄した後は後始末です。最近は洗浄機能付き便器を使用される方も多くなっていると思いますが、リモコンが複雑すぎて高齢者の方が理解できない場合があるので注意をしてください。また、温風乾燥ですが低温火傷をしないようにということを考慮していますので、温風乾燥で完全に乾かすのでなく最終的にはトイレットペーパーで拭くことを前提に使用されるとよいでしょう。

　そして排泄の後は手洗いです。手洗いの多くは、ロータンクに組み込まれている蛇口で行われることが多いですが、何回も方向転換しなければならないことや、手が届きにくくて使いづらいことが多いため、で

きればトイレ内に手洗い器を設置したいものです。

トイレからの移動

　トイレから廊下に出て移動する時に気をつけていただきたいのが、スリッパを履いているかどうかです。スリッパを履いている方ですと、後ろ向きにスリッパを脱ぎながらトイレから出るようになりますが、この時にバランスを崩し、後方転倒することがよく見られます。トイレの床材はタイルではなく、クッションフロアーにしてトイレ内ではスリッパを履かないようにしたいものですが生活習慣はなかなか変えられるものではありません。何度もお邪魔する中でご理解をいただかなくてはならないと思います。そしてその時にも方向転換をするわけですから、方向転換しやすいように縦手すりもしくは両側に横手すり等があったほうがよろしいと思います。

　トイレのドアの開閉時、ドアノブが回しにくくなっている方が思ったよりも多くいらっしゃいます。ドアノブをレバーハンドルに変えるだけで簡単にドアの開閉ができるようになります。特に指の変形や握力の低下している方には有効です。しかしレバーハンドルの形状によっては袖やポケットなどが引っかかりやすくなってしまうことがありますので、業者の方と様々な種類を検討されるとよいと思います。

浴室

入浴動作

入浴動作は、浴室内だけの動作ではありません。

① 入浴前にいるところから浴室までの移動
② 脱衣室への出入
③ 脱衣
④ 浴室への移動
⑤ 洗体（及び洗髪）
⑥ 浴槽またぎ（浴槽の出入り）
⑦ 浴槽内立ち座り
⑧ 浴槽またぎ
⑨ 脱衣室への移動
⑩ 着衣
⑪ 居室・寝室への移動

という11の動作に分けることができます。

これらの流れを全体的に把握し、その後で各動作ごとのプランニングを立て、さらに全体の流れから見て各動作との関連から不適合が起こらないかどうか確認する必要があります。

例えば、「浴槽の出入りだけを考えて手すり設置を行ったが、洗体部分の動作確認を行っていなかったために、洗体後の浴槽出入りに使いにくい手すりとなってしまった」「浴室内移動のために手すり設置を行ったが、入浴用いすの背中側に手すりが付いてしまった」ということがあります。

また、排泄と同様に入浴は非常にプライベートな行為ということが言えます。入浴動作を確認するとはいえ、実際に入浴していただいて動作を確認することはできません。衣服を着たままで動作をしていただいても本当の入浴動作とは言えないことがあります。

例えば、浴槽内立ち座りですが、実際に入浴したときの浮力を考えますと、ドライ浴槽（お湯がはっていない乾いた浴槽）では浴槽内で温まっているときの患側の浮き具合も観察することはできません。またバスボードを使用した座位またぎを行っても、濡れた裸の状態とズボンをはいている状態では、ボード上の滑り具合も違います。

これらのことを考慮して、フォローアップしていく中での修正が必要になるのが、入浴に対する住宅改修のポイントと言えるでしょう。

浴室までの移動

入浴の時間帯により、どこの部屋から浴室まで移動して行くかが変わってきます。夕食後1時間ぐらいしてから入浴する場合では、居室およびリビングルームから移動するでしょうし、就寝前に入浴する場合では、寝室から移動することが多いかもしれ

ません。

また、どのような服装で浴室まで行くかにより、脱衣や着衣が変わってくるでしょう。人によって入浴後バスローブを着て寝室まで行く方もいらっしゃいますので、どのように入浴されるのかを確認することが必要です。

浴室までの移動の場合には、必ずといっていいほどドアを開けて廊下を通って浴室まで行かれますので、その段差や動線上方向転換が多い動線かどうかの確認が必要です。例えば居室と廊下の段差の場合、1〜2cmの段差であれば固定式のスロープがかなり有効になります。また、3cm以上の段差の場合で、固定式のスロープを設置した場合、勾配がきつくなり、人によってはスロープの上を歩くのではなくまたいでしまう方がいらっしゃいます。このとき歩幅が大きくなることでかえって転倒してしまうことがありますので、廊下のかさ上げや沓ずり撤去など段差を解消した方がよいか検討が必要です。シャワーキャリーで移動する場合、5mm程度の段差であっても前方から昇ることができなくなってしまいますので、前輪をキャスター上げのように持ち上げることができるタイプを選んでいただくか、後方から乗り上げる方法で対応されるとよいでしょう。

ドアの沓ずりは、両側を固定式のスロープで対応する場合と沓ずりを撤去する段差解消の方法があります。

沓ずりを撤去する場合に、冬場廊下から冷たい風が入ってくることがありますので、夏場の工事のときは冬場のことを、冬場の工事のときは夏場のことを考慮してプランニングする必要があります。

脱衣室の出入り

脱衣室の出入りでは、脱衣室と廊下の床面の段差がなければドア開閉に伴う手すり設置で対応したり、ドアの沓ずり撤去で対応したりすることが多いでしょう。脱衣室に入るのに段差がある場合、身体機能と照らし合わせ、歩行による段差昇降が有効であれば手すり設置で対応することが多いと思われます。車いす移動の場合は、ドアの開口幅を広くしたり、段差解消しなければ脱衣室に入れなくなる場合があります。

脱衣

脱衣では、立って脱衣をするか座ったほうが安全に脱衣できるかをアセスメントしなければなりません。この場合、身体機能の予後予測も必要になります。進行性の疾患の場合や介助者が介助する場合は、座って脱衣をする方法だけでなく、介助スペースを考慮しなければなりません。

浴室への移動

浴室の出入りでは、脱衣室よりも浴室の床が低い場合と高い場合があります。浴室の床が低い場合は、床のかさ上げやすのこ設置による段差解消が有効になることが多いですが、床が高い場合すのこ設置等を行うと出入り動作がまたぎ動作から昇降動作に変わることがあります（写真14→イラストに）。昇降動作に伴って痛みの出現する疾患や下肢筋力低下が著名な方の場合またぎ動作の方が楽な場合がありますので、注意をしていただきたいと思います。

[図5] すのこ設置を行った例

[写真14] すのこはメンテナンスが必要

すのこ

すのこは段差解消で用いられ、浴槽の縁が高いときに縁を低くするためにも用いられることがありますが、メンテナンスをきちんと行わないとカビが生えてきてしまいますので注意をしてください（写真14）。メンテナンスの仕方は、入浴後すのこの表面および裏面ともにタオルもしくはバスタオルですぐに水分をふき取るとよいでしょう。

洗体（および洗髪）

洗体ではすぐに入浴用いすを思い浮かべると思いますが、入浴用いすは立ち座りを楽にするものであり、入浴用いすがあるために浴室内移動がしにくくなる欠点もあります。浴室に入ってすぐに手すりの位置を決めるのではなく、まずは洗体する場所を決め、入浴用いすを使用するならば、どの位置にどの向きでいすを置くかを検討して

から、浴室内移動と立ち座りのための手すりを検討しましょう。

洗体を自分で行う方ならば、いすの向きは水栓金具の方を向きますが、洗体が介助の場合は、介助者の立つ場所がどこになるかということと、洗体後の浴槽のまたぎ方によって、いすの位置が変わりますので、介助者も交えてきちんとアセスメントする必要があります。また、入浴用いすを使用すると水栓金具に手が届きにくくなったり、足先に手が届きにくくなったりすることがあります。その場合は、例えば今まで使用していた小さな腰掛け台に足を乗せて足先を洗うと、手が届きやすくなりますので試してみてください。

浴槽またぎ（浴槽の出入り）

入浴動作の中で浴槽またぎが最も重要な

[写真15] 正面またぎ

[写真16] 側方またぎ

[写真17] 側方足上げまたぎ

項目となります。日本人特有の好みである浴槽内入浴を行うためには、浴槽の出入りができなければならないからです。浴槽の中に入ることができなければ入浴ができないということも、言えるのではないでしょうか。

浴槽またぎには、立位またぎと座位またぎがあります。立位またぎには、正面またぎ［写真15］、側方またぎ［写真16］、側方足上げまたぎ［写真17］があります。立位またぎの注意点としましては、浴槽の出入りは洗い場と浴槽内への重心移動を行うので、この重心移動を行いやすくするためにも、手すりの位置は浴槽と洗い場をまたぐように設置しましょう。特に正面またぎで浴槽から出るときに、浴槽の縁ぎりぎりに縦手すりをつけるのではなく、浴槽の縁から洗い場へ150 mm程度離れた位置に設置すると、安全に浴槽の中から洗い場へ出ることができるようになります。このときはいわゆる段を上ることになります。側方またぎの場合も同様に、浴槽と洗い場

にまたがるように手すりを設置しますが、浴槽の中に入るとき手に体重がかかり、安全に片足を上げることができるように、横手すりの高さは浴槽の縁上300mm付近のところに設置するとよいでしょう。この高さは浴槽の底からおおむね800〜850mmの高さになります。

座位またぎには、入浴用いすから直接座って浴槽をまたぐ方法［写真18］やバスボードを使用したまたぐ方法［写真19］があります。座位またぎの場合、浴槽に入るときは坐骨部が浴槽の縁に乗ると、またいだ後、浴槽の底に足がつきやすくなります。浴槽から出るときは、入浴用いすに坐骨部がかかるように腰掛けると回転して洗い場に足を出したときに安定して出ることができます。

［写真20］、［写真21］の方はバスボードを使用して入浴されていたのですが、介助者の方がバスボードの取り付けや取り外しが大変でしたので跳ね上げ式のバスボー

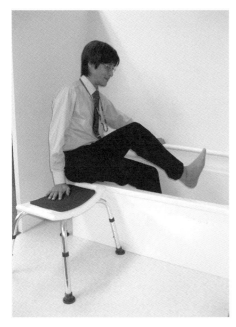

［写真18］　入浴用いすから直接またぐ座位またぎ

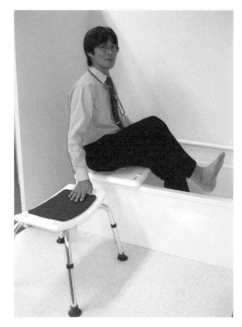

［写真19］　バスボードを使用した座位またぎ

［写真20］　跳ね上げ式バスボード

［写真21］　跳ね上げ式バスボード（跳ね上げた時）

ドを作った事例です。手すりの設置ばかり
でなくどのような福祉用具と合わせて住宅
改修を行うかシミュレーションを行うこと
が大切です。

　誰でも浴槽の縁高を40 cmにすれば浴
槽をまたぐことができるわけではありませ
ん。さまざまな工夫と商品の使い分けが必
要でしょう。

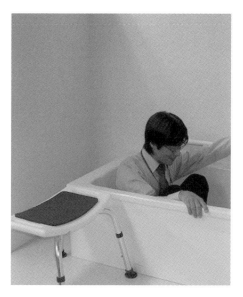

[写真22] 足を引いて体幹を前傾させてから立ち上がる4

浮力の影響

浴槽の中で温まっているときに、浮力の影響で足が浮いてしまう方がいます。特に麻痺側の場合、浮力の影響を受けやすくなっています。解決する方法としては、浴槽の底に滑り止めマットを敷くことが挙げられます。この場合立ち上がりのときに滑らないようにということだけでなく、浴槽内で温まっているときに臀部が前にずれないように、臀部から足まで、すなわち浴槽の底全面に滑り止めマットを敷くことをおすすめいたします。

介助で足が滑らないようにするためには、介助者がご本人の膝を浴槽の背に向かって軽く押し付けると足が浮かなくなります。

浴槽内立ち座り

浴槽の中から立ち上がれなければ浴槽から出ることができないので、この動作も重要な動作です。浴槽から立ち上がるときの動作は、

①足を引く
②手すりや浴槽の縁につかまり体幹を前傾させる ［写真24］
③手すりを引っ張り浴槽の縁を押し付けながら足に体重をかけ臀部を浮かす
④立ち上がる

という四つの動作に分けられます。

特に重要なのが最初に足を引く動作です。足を引かないで立ち上がると重心が後方に落ちてしまいますので立位をとることができません。介助する場合にもまず足を引く動作を忘れないように説明していただきたいと思います。

フォローアップ

特に入浴は実際の動作を見たり、介助したりすることができない大変難しい支援です。利用者・介助者から実際に入浴を行ったときの状態を聞き、改修後何が便利になりどの動作が解決できないかなどフォローアップを行いながら一つ一つ解決していくことが必要ですし、その経験の蓄積が今後の住宅改修に生かされていきます。

玄関～門

玄関における動作

　玄関における動作は、段差昇降という動作だけではありません。

①玄関までの移動（廊下や部屋等のドアの開閉を含む）
②上がり框の昇降
③靴の着脱
④玄関ドアの開閉
⑤施錠・開錠
⑥門までの移動

という六つの動作が考えられます。

　これらの流れを全体的に把握し、その後で動作ごとにチェックを行い、さらに全体の流れから見て各動作との関連からどこに不適合が生じているか確認する必要があります。

　例えば、上がり框の昇降動作だけをチェックして式台を設置したが、靴の着脱を行う場所が狭くなってしまった、など一つの動作だけをチェックしてその動作だけを解決しようとしても、他の動作との不適合が生じてしまうことがあります。

　さらに、玄関まで来るということは、外出以外に

・新聞を取りに来る
・郵便物を取りに来る
・宅配便などの受け渡しを行う
・来客時鍵の開錠を行う
・戸締まりを行う

などの生活行為を目的とした動作であると言えます。また、外出の目的も

・ゴミ出し
・買い物
・散歩
・友人宅へ出かける

などの行為があり、特にゴミ出しや買い物の場合は、物を持って歩く、物を持って段差昇降をするという非常に不安定な動作ということがいえます。単純に「玄関に手すりがあった方がいいですよ」「式台があった方がいいですよ」といえないところが玄関であり、この生活行為の把握ができているかどうかが重要ということになります。言葉を換えれば、「玄関に手すりが欲しいのですけれども」といわれたときに、その手すりが欲しいと思った背景は一体何なのかを把握すること、すなわち「なぜ手すりが欲しいと思われたのですか？」というような質問をすることが必要になります。

玄関までの移動

　玄関の住宅改修を行う場合、どこから玄

［写真 23］ 式台設置した場合の L 字の手すり例

［写真 24］ 最初は式台設置で対応した例

関に行くか、その経路のチェックが必要になります。居室から、寝室から、出かける前にトイレに行ってから玄関に行くなど移動経路を確認し、ドアの沓ずり及びその段差、ドアの開け方などをチェックします。

上がり框の昇降

上がり框の昇降は段差昇降という動作ですから、1段の段差が何 mm だと安全に昇降できるかという判断が必要になります。［写真 23］の方は上がり框の段差 240mm のところを最初は L 字の手すりで対応していました。1段の段差でしたので縦手すりで昇降動作を行っていたのですが、3年後には身体機能が低下し再度アセスメントを行ったところ、1段の段差を 150mm 以下にした方がよいことが分かり、式台を設置することにしました。式台を設置するといわゆる階段昇降動作になるので、壁に設置してある L 字の手すりを一部分斜め手すりに変更し、2段の階段昇降時に対応できるようにしました。

［写真 24］の方は左の股関節に可動域制限があり、150mm の上がり框段差昇降が不安定だった方です。75mm の高さの式台を設置して安全に段差昇降できるようになっていたのですが、この方も3年後には段差昇降が大変になってきたのと同時に、玄関土間の凹凸に足がつまずいて転倒してしまったことがあったのでした。そこで安全な段差昇降と玄関内移動のために、手すり設置と床材変更を［次ページ・写真 25］のように行いました。

［次ページ・写真 26］の方は右膝に軽い疼痛があり、屋外移動は T 杖歩行を行っていましたが、屋内は杖なしで伝い歩きをしている方でした。玄関の段差昇降を行っていただいたところ、段差が 70mm でし

[写真 25] 写真 24 の方が、3 年後、手すり設置と床材変更を行った例

[写真 26] マンションの玄関に手すりを設置した例

たので軽くつかまるところがあれば安全に行うことができる状態でした。また、手すりの高さも廊下に合わせてドアまで設置し

たところ、手すりを持ちかえる必要もなく十分に段差昇降を行うことができました。

[写真27] 上がりかまちからの立ち座りを補助する手すりの例

[写真28] 腰掛け台を利用して玄関の段差昇降を行った例

靴の着脱

　靴の着脱については、立って行う場合には立位を安定させるための手すり等が必要になりますし、座って行う場合にはいす等を置くスペースが必要になります。

　[写真23〜25] の方々は皆、立位で靴の着脱を行っている方々でした。したがって段差昇降を行う手すりが靴の着脱を行うときの立位保持の手すりとなっていたのです。

　[写真27] の方は、膝の筋力低下は起こしていましたが歩行は軽い伝い歩き、玄関の上がり框の段差昇降は下駄箱につかまり実用性があるほど安定していましたが、上がり框に腰掛けて靴を履いたり脱いだりした後立ち上がることが不便でした。そのために立ち上がり補助用の縦手すりを下駄箱に設置しました。もちろん下駄箱の使用に不便がかからないよう下駄箱の戸の引き具合を考えるだけでなく、立ち座りのときの縦手すりの位置も考慮して設置しました。

　[写真28] の方は、左大腿骨頸部骨折によりピックアップウォーカーで歩行していた方です。初回訪問時は手術した方の股関節の疼痛が大きかったため外出目的は通院でしたが、玄関の土間に腰掛け台がありましたので、この台を利用して腰掛け、靴の着脱を行うようにしました。

施錠・開錠

　特に独居生活の方にとって鍵の施錠・開錠は重要な問題です。中には日中鍵をかけずに過ごしていらっしゃる方もいらっしゃいますが、夕方もしくは夜には施錠し、朝には開錠しているので全くドアまで行かない方はいらっしゃいません。また、ドアの

[図6] 施錠、開錠を行うために歩行を安定させるための手すりの例

[図7] 段差解消機の設置と床材変更で車いすでの移動を楽にした例

鍵の形状と利用者の指の変形やつまむ力の関係から不自由を感じている方もいらっしゃるので確認をしたいものです。

[図6] の方は、ドアに行くまでの玄関土間につかまるところがないために不自由だった方です。屋内移動は手すりにつかまり伝い歩きで自立していらっしゃいましたので、玄関に跳ね上げ式の手すりを設置し、ドアまで伝い歩きを安全に行えるようにしました。指の力がないためドアの施錠・開錠が行いにくかったので、内鍵に滑り止めを張って少ない筋力でも鍵を動かしやすくしました。また、この方はマンションの8階に住んでいらっしゃったのですが、郵便物を1階の郵便受けに取りに行かなくてはならないため、歩行車も検討しました。

門までの移動

門までの移動で問題になるのは、段差と床面の凹凸ということがいえます。段差昇降時段差解消をしたり、手すりを設置したりすることは多いのですが、段差を何mmにするかの確認をきちんと行うことが必要です。

[図7〜8] の方は、糖尿病により左の下腿切断をした方です。屋内は車椅子自操で自立されていましたが玄関の段差がありご主人かヘルパーさんがいないと外出できない状態でした。リビングルームからの出入りを検討したところ、段差解消機と門までコンクリート打ちをすることで一人で外出が可能となりました。しかし門扉の外に出かけることがありません。なぜ門扉を出ないのかお聞きしたと

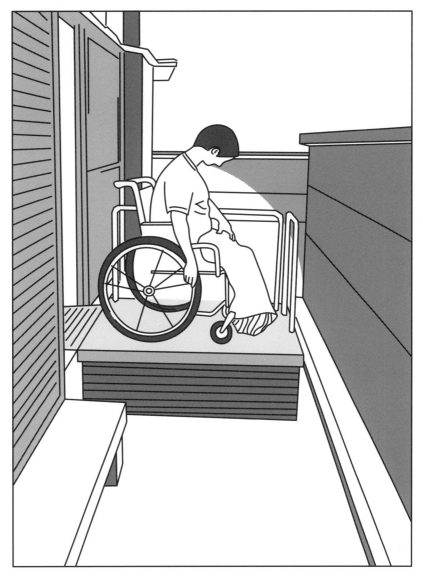

［図8］　窓から出るときは鍵の開け閉めをどうするか検討が必要

ころ、「車椅子に乗っている姿をみんなに見られたくない」とおっしゃいました。その気持ちを踏まえ、年齢的にも操作可能と考え、さらに外出する目的として郵便局やコンビニ等にも行きやすいようやや小型の電動車椅子を選定し、操作の練習をしたところ、買い物には電動車椅子を使用することで毎日一人で外出することが日課となり、今まで一人で家の中に

いた生活とはがらりと変わって積極的に生活されるようになりました。しかしこのような改修の場合注意しなければならないのは、鍵の施錠と開錠です。窓から外出する場合、外に出てから窓の鍵をかけることができないので、窓に鍵をつけることによって一人で家の外まで外出できるようになったのです。

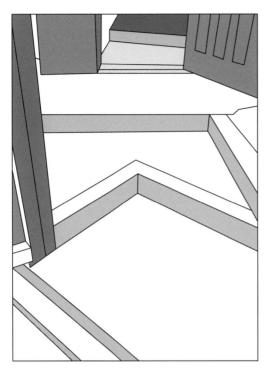

[図9]　直線でない段差

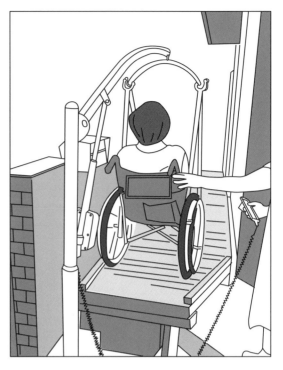

[図10]　ウッドデッキとリフトで段差解消

[図11]　ウッドデッキから直接道路まで降りることが可能になった例①

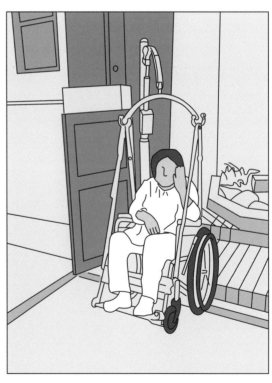

[図12]　ウッドデッキから直接道路まで降りる事が可能になった例②

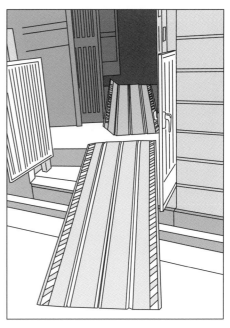

[図13] 家の前の車の通行量の確認　　　　　　　　　　[図14] 取り外し式スロープ2枚で対応した例

　[図9〜12] の方は糖尿病で腎不全を起こしている右片麻痺の方です。通院時娘さんが抱えて介助歩行をし、玄関を出て車椅子を使用して外出されていましたが、車椅子のまま外出ができるようにスロープを検討して欲しいということでした。図のように玄関から門までの段差が直線ではないことからスロープは適応できず、また、あと半年で人工透析を週3回受けるかもしれないということで、リフトを使用して車椅子のまま出入りできるように考え、居室から門までウッドデッキを設置して車椅子でウッドデッキ端まで移動し、ウッドデッキと道路までの段差をリフトで昇降するようにしました。

　[図13、14] の方は両下肢麻痺の方です。娘さんと娘さんのご主人が介護をされていましたが、車椅子で玄関から道路までの段差昇降をどのようにしたらいいか相談を受けました。段差が直線ではないのですが、家の前の道路の通行量が少ないので、2000mmのレンタルスロープを2枚使用することで直線のスロープにすることができレンタルをしていただくようにしました。このことにより大好きなコーヒーを喫茶店まで飲みに行くことができるようになったのです。

その他の場所

居室改修における注意点

　居室における改修の代表的なものは、畳からフローリングにする床材変更だと思います。車椅子利用になると畳では摩擦抵抗が大きくなってしまうことと、畳が磨耗してしまうからです。しかし、このときに「畳からフローリングにしてください」とだけ工務店に頼むと大きな失敗をしてしまうことがあります。家というものは年数が経つにつれ、次第に傾いてきたりゆがんできたりします。ですから工事のとき、敷居などに床材を合わせる場合、ぴったりと合わせることができないために5mm程度少し床材を下げて工事を行うのが習慣となっていました。この段差が車いす使用者もしくは障害を持った歩行者にとって大きな段差になってしまうのです。5mmの段差はあくまでも段差です。段差が小さいからといって大丈夫ということはありません。

　要介護度4で脳梗塞により左片麻痺の男性は、介助歩行でなければ歩けない状態でした。屋内外の移動は車いすによる片手片足駆動で自立をされていましたので、和室を床材変更しフローリングにしたところ、4点杖をついて歩行訓練を行う時にこの5mmの段差に足が引っかかり訓練も行いにくい状態でした。すぐに工務店に連絡をして、敷居の角の面を取ってもらうことにし、何とか車椅子で移動する時はがたつき

が少なくなりましたが、歩行訓練のときは注意を促し、またぐようにして行えば歩くことができるようになりましたが、細かい打ち合わせが必要であることを改めて痛感しました。

段差解消

　居室・寝室・リビングルーム・ダイニングルーム・廊下・トイレなどの段差を解消するために部屋や廊下をかさ上げしたり、かさ下げしたりという方法など段差解消をすることがあります。このときの注意点として、どこを基準としてどの部分を段差解消するかよく考えなくてはならないということです。日常的に多く生活する場所を基準とするのか、段差解消する面積が少なくて済むことを基準とするのか、段差解消することにより他の部屋へのアクセスや動線を考慮したのかなどの点から優先順位をつけます。

　しかし段差解消することにより他の家具等に影響が出ることがあります。例えば、

・ダイニングの床をかさ上げしたら流しが低くなった
・階段下にあるトイレをかさ上げしたら頭が天井に当たりそうになった
・居室をかさ下げしたら掃き出し窓のサッシが飛び出してしまった
・廊下をかさ上げしたら玄関の上がり框段

差が大きくなった

などが挙げられます。一つの部屋を見ることなく、家全体を見て、工事後を予測することが必要です。

　段差解消には、床面ばかりでなく、ドアの沓ずりや敷居の撤去を行う場合があります。ドアの沓ずりを撤去した後、ドアと床面との間に隙間ができてしまうことがあります。トイレの場合は換気をするために隙間を開けておく場合がありますが、その他の部屋の場合は冬寒くなるため隙間を埋めなければなりません。多くの場合はドアの下に板を付け足し似た色を塗って処理することが費用も安く済むので行っていました。中にはドアを新しく換えることで対応することもあるかもしれませんが、費用と外観との兼ね合いで決めていただくとよいでしょう。

　襖や引き違い戸の場合は、敷居を一度外して下に埋め込むということになりますが、V字レールにして戸車を取り付けると動きがスムーズになりまが、襖の場合は動きが悪くなることがありますので工務店の方や建築士の方とよく相談をされるとよいでしょう。

洗面台

　車椅子を使用すると洗面台に近づきにくくなってしまいます。対応策として考えられるのが車椅子対応の洗面台に交換することですが、［図15］の方は車椅子のフィッティングを行ったとき、シンク下の高さにご本人の大腿部が入るだけのクリアランスがあり、車椅子のアームサポートをデスク型のものにしたので洗面台に近づくことが

［図15］　洗面台改良例①-1

［図16］　洗面台改良例①-2

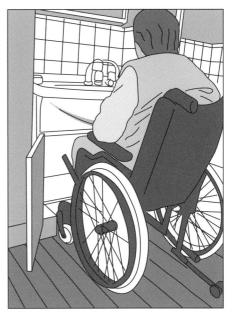

［図17］　洗面台改良例①-3

できると判断し、既存の洗面台の下を改良すること［図16］で対応しました。［図17］のように車椅子で近づくことができ、

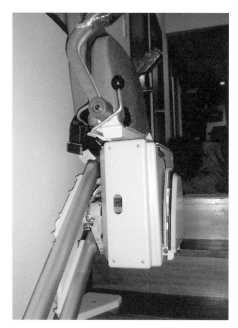

[写真29] 階段昇降機

[写真30] むき出しになったレール

大掛かりな工事を行わなくとも車椅子に乗った状態で洗面を行うことができるようになった例です。

階段昇降機（介護保険外）

　階段昇降機を設置する場合、直線階段と回り階段に設置する場合が考えられます。階段昇降機は介護保険対象工事ではないので全額自己負担になります。費用は、直線階段の場合70万円前後、回り階段の場合はその約2倍かかることが多いです。メーカーにより金額は異なりますが、1階部分の座面の高さやスイッチ操作の違い、壁から座面先端部分までの距離、回り階段の場合のレールの位置なども異なりますので、見積もりを取るときに金額ばかりにとらわれずに、階段の状況と本人の身体機能を考慮することが重要です。

　[写真29] の方は四肢麻痺の男性です。1階のリビングルームの隣にある寝室で過ごされていました。訪問リハビリテーションのときに歩行器を使った歩行訓練で、ベッドから玄関を通り、廊下を通って、リビングルームから寝室にまで約15m歩く以外は、ベッドに横になっているか、車椅子に乗って食事をする生活でした。しかし、前に書斎だった2階へどうしても行きたいということで、長男の方、お兄さん、建築士、工事管理者、ケアマネジャー、筆者の6人で月1回の会議を6回行い、2階へ行かれるように検討しました。階段昇降機の案、エレベーターの案といろいろ出ましたが、金額的な面も考え階段昇降機にしました。幸い直線階段でしたので金額は抑えることができましたが、四肢麻痺であるため、歩行器もしくは車椅子から階段昇降機のいすへの移乗がまず問題になりました。1階部分のいす座面の高さをなるべく低くするようにレールを伸ばしたところ[写真30] レールがむき出しになるので奥さまが足を引っ掛けないようにし、足が

[写真31] レールを板で囲んだ例

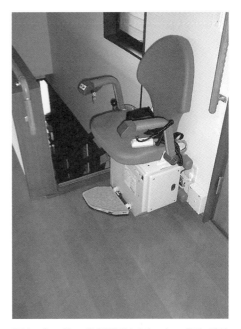

[写真32] 2階での階段昇降機から車いすへの移乗の検討

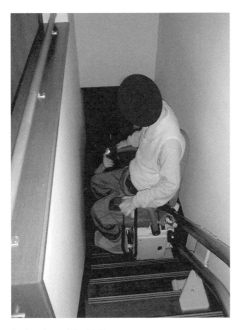

[写真33] 工事後の確認

[写真34] 回り階段用階段昇降機

当たらないように板で周りを囲む工事を行ってもらいました［写真31］。2階での車いすへの移乗が楽に行えるようにいすを廊下部分まで出すようにして、横の壁に縦手すりを設置しました［写真32］。この手すりを設置したことで奥さまの見守りで移乗ができるようになりました。また、階段昇降機の場合、階段幅の関係で、座面の先端から壁までの距離が狭く、座位バランスが悪い場合、人によっては腰掛けられたも

[写真 35] 回り階段用階段昇降機のレール

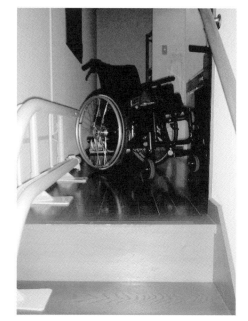

[写真 36] 延長レール

のの膝は足先が壁に当たってしまうことも
あります。この点も工事後の確認でクリア
することができました [写真 33]。

[写真 34] の方は両下肢麻痺の男性で
す。1 階部分がリビングルームとダイニン
グルームで、2 階に寝室、3 階には長男夫
婦の部屋がありました。車椅子での生活に
なるので 1 階のリビングルームにベッドを
置くことをおすすめしたのですが、1 階が
寝室になってしまうと「みんなで食事をし
たりするのに自分だけベッドにいたくな
い」というお話でしたので 2 階への昇降
を検討しました。こちらのお宅は回り階段
で、特に 1 階部分のいすの高さが問題にな
りました。車椅子の座面高（クッション含
む）に対し、階段昇降機の座面高が高くな
らないようにレールを長くして対応するこ
とにしました。階段幅に余裕があったの
で、回り階段部分や直線階段部分も膝が
干渉することはありませんでした [写真
35]。2 階部分は車椅子から階段昇降機の

いすへ移乗するための回転スペースを確保
するために延長レールを使用しました [写
真 36]。

段差解消機

段差解消機は介護保険のレンタルを利用
することができますが、貸与事業所により
レンタルされる機種が異なる場合や、違う
貸与事業所であっても同じ物がレンタルさ
れている場合があります。できるだけいろ
いろな機種の中から利用者の環境にあった
物を選びたいものです。

段差解消機の種類は、駆動方法から手動
タイプと電動タイプに分かれ、電動タイプ
には電動ネジ方式・電動巻上げ方式・電動
アクチュエーター方式・ラック＆ピニオン
方式・電動チェーン方式などがあります。

走行方向からは直進タイプと 90 度方向
転換タイプに分かれます。昇降ストローク
は 40cm 程度から 240cm 程度までさまざ

[図18] 寝室から庭を通って外出を検討

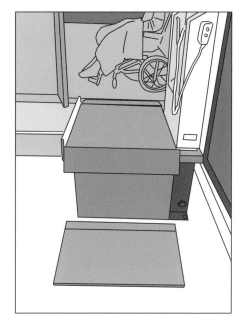

[図19] 車椅子で方向転換したとき安全に載れるテーブル幅を検討

まな機種があります。庭など掃き出し窓のあるところに設置する場合、窓と段差解消機の隙間を埋める板（フラップ）の有無により走行のしやすさが変わります。

大きさも幅が90cmから130cm程度、長さが125cm程度から170cm程度までさまざまですので、設置場所の広さと大きさの兼ね合い及び昇降ストロークから判断されるとよいでしょう。設置方法は据置式と埋め込み式があります。埋め込み式の場合は、雨が降ると水がたまりボウフラが発生することがあるので、排水を考えて工事をされるとよいでしょう。

［図18］の方はパーキンソン病の男性です。ベッドから車椅子への移乗は、車椅子のアームサポートを跳ね上げた状態で少しずつ座りなおしをしながら移乗する座位移乗を行っていました。起立性の低血圧がひどく、なかなか起きることができない状態から、安定し起き上がることができるようになったので、車椅子での外出の検討をすることになりました。玄関からはスロープや段差解消機で下りるスペースがないことから、寝室から庭を通って下りることにしました。レンタルできるものの中で室内フラップつきのもので、家の中から90度方向転換して段差解消機に乗るときテーブル幅が681mmのものと750mmのものがあったので方向転換しやすい750mmのものを選択し設置をしました［図19］。

この段差解消機を設置したのが4月下旬だったのですが、近所の八重桜を見に行くことができ、次第に体力も回復して外出頻度も多くなっていきました。

第**6**章

Entry practice of housing repair statement of reasons

演習

事例プロフィール

この章では、事例プロフィールを参考にして、住宅改修プランを作成しながら、理由書の作成を行ってみたいと思います。

Aさんは定年まで地方公務員として働き、その後75歳までシルバー人材センターなどで働いていた80歳の男性です。77歳の奥さまと二人暮らしですが、近所に長男家族が住んでいます。

Aさんは昔から旅行が好きで日本国内はさまざまな所を旅行したり、囲碁、将棋が好きで町内の大会に出たりして、今年の3月までは一人で電車に乗り出かけることもできていました。しかし、4月ごろから食欲低下と微熱などがあり、近所の内科で血液検査やレントゲンなどの検査を受けたり、点滴なども受け、症状も良くなったり悪くなったりしていました。

8月ごろから徐々にトイレに間に合わなくなって尿失禁するようになり、9月からは歩行が不安定になり始め、9月の第2週ぐらいから時々原因不明の熱発があり、食欲低下と水分をとれなくなり、12日には尻もちをつき腰痛出現、26日に整形外科に受診をしたところ第1腰椎圧迫骨折と診断されました。27日には下肢のむくみも出現し、血液検査で白血球14000、CRP17、レントゲンでも左下肺野に炎症が見られ、肺炎ということで30日、B医大病院へ入院することとなりました。

入院時、白血球16000、CRP14、血清アルブミン1.7と炎症反応が強く低栄養の状態で、診断名は肺化膿症・重症胸膜炎ということで左肺にドレナージを行って廃液を始めました。

食事も止めて24時間点滴を行い抗生剤投与、酸素吸入を行い、入院3週間後には白血球5400、CRPは5になり、平行棒内歩行2往復程度のリハビリも開始されるようになりました。

医師からあと2週間程度で退院が可能といわれましたので、介護保険申請をして退院に備えて住宅改修の希望があり、地域包括支援センターに相談することになりました。

病院内 ADL

・起き上がり：サイドレールにつかまり見守りで可能です。
・寝返り：サイドレールにつかまれば可能です。
・端座位：数分可能です。
・立ち上がり：ものにつかまれば一人で可能です。

・移動：長距離は車椅子移動ですが、病室からトイレまでの5mぐらいはT杖使用し見守りにて歩行可能です。

・排泄：尿取りパッドとパンツ式紙おむつを使用して3時間おきに誘導すれば、尿取りパッドに尿漏れあるも、パッド内でおさまる程度です。排便は時間誘導していれば主に午前中トイレで排便あります。トイレ内での衣服の上げ下ろしは自分で行うことは可能です。

・更衣：全介助で行っています。

・整容：洗面所まで介助歩行にて洗面、入歯洗い、洗顔など可能です。

・入浴：洗体は背中は介助、身体の前面、洗髪は一人で可。浴槽またぎは身体を支え、手すりにつかまれば可能です。

・段差昇降：6cmの段差ではつかまるところがあれば見守りで可能です。15cmの段差ではつかまるところがあっても介助が必要です。

・玄関段差昇降：玄関の上がり框は30cmの段差があるため、つかまるところがあれば腰を支えて何とか可能です。

身体状況

・身長160cm、体重40kgです。

・58歳の時に前立腺肥大の手術施行、排尿時の検査で膀胱内に200ml尿があっても、1回の尿量が80ml程度しか出ないため残尿があります。

・第1腰椎の圧迫骨折は現在のところ痛みはありません。

・仙骨部の骨突出は高度です。

・関節可動域制限は、両肩に軽度制限があります。

・筋力はやや低下し、肺機能低下により易疲労性があります。

・介護度は要介護3です。

住環境

築30年の在来工法2階建の家です。表通りは車の往来が多くありますが、家の前は車の通りもなく閑静な住宅街です。もともと1階の和室（8帖）は夫婦二人して夜間は布団を敷いて寝ていました。また、年に2回程度兄妹が来た時には、この和室を応接間として使用していました。

月に2回ほどコミュニティーセンターで書道を習っているので、2階の奥の和室がAさんの書斎になっています。2階の手前の洋室は納戸になっています。

廊下とトイレの段差は5cm、廊下と和室およびダイニングキッチンと和室の段差は6cmありますが、ダイニングキッチンから浴室の洗い場には段差はありません。

介護状況

妻と二人暮らしで、妻は身長148cm、体重34kg、内科的には特に大きな病気はしていないですが、骨粗鬆により腰痛があるため整形外科受診中です。近くに長男家族が住み、買い物や週2回程度の入浴介助などの介護は可能です。

本人の希望

①一人で歩いて外出できるようになりたい。

②お風呂はゆっくりと肩までつかりたい（今まで毎日入っていた）。

③浴室の中に手すりを付けてほしい。

④ベッドからトイレまで安全に歩くために手すりを付けてほしい。

⑤退院後リハビリに通いたい。

家族の希望（妻）

①家の中を安全に移動できるように手すりを付けてほしい。

②安全に入浴できるように手すりを付けてほしい。

③リハビリに通って安全に移動できるようになってほしい。

1F図面

図面［図20］の上側が北になります。上の左に門扉がありますが、道路と門扉の段差は合計24cmあります。門扉を上がって玄関ポーチには14cm段差があり、玄関ポーチと玄関の土間には5cmの段差があります。また、玄関上り框は30cmの段差があります。

廊下とトイレはトイレの方が5cm高く、廊下と8帖の和室も和室の方が6cm高くなっています。廊下と台所、洗面所、浴室の入り口には段差はありません。

トイレの中には、便器に座って正面に横手すりが設置してあり［写真37・中央の

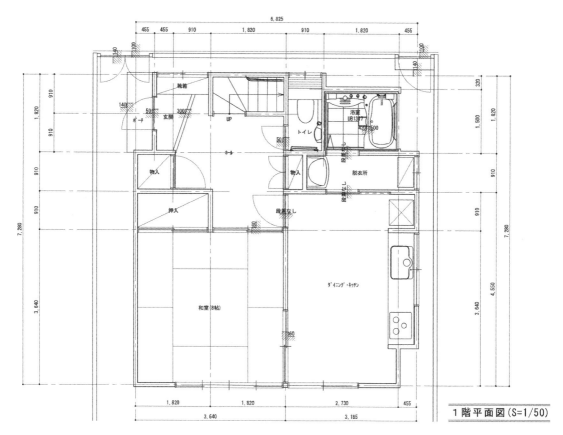

[図20] **改修前図面**

1 階平面図(S=1/50)

[写真37] トイレの中

右前]、便器左側には肘を乗せることがで
きる台付きのペーパーホルダーと軽くつか
まることができる取っ手が付いています

[写真37・中央の左奥]。

浴室は 1,317mm のユニットバスで、洗い場と浴槽の縁高は 42cm、浴槽の深さは 50cm です。また、蛇口と浴槽の間に縦手すり［写真 38］、浴槽内に座った時の右側に横手すりが設置してあります［写真 39］。

寝室である 1 階の和室には、退院に備えて介護用ベッドを設置する予定です。

階段には上るときの左側に手すりが設置してあります［写真 40］。

主な動線は、

1）寝室〜ダイニングキッチン
2）寝室〜トイレ
3）ダイニングキッチン〜洗面所及び浴室
4）ダイニングキッチン〜トイレ
5）ダイニングキッチン〜玄関
6）寝室〜玄関

などです。

［写真 38］　浴槽内手すり①

［写真 39］　浴槽内手すり

［写真 40］　既存の階段手すり

アセスメント

このような身体状況と生活環境と本人家族の希望から、アセスメントを行っていきます。

　まず、理由書を記入するのではなく、現実的に住宅改修で希望をかなえることができるかどうか、今後の予測と予算も含めてどのような住宅改修を行っていくかを検討していきます。

　そのためにも理由書1枚目の「利用者の身体状況」と「介護状況」の記入を行ってみましょう。

　「利用者の身体状況」では病歴などをすべて書く必要はありませんが、入院に至った経過、入院中の治療およびADL、屋内移動方法、屋外移動方法を記入してみます。

[表15] 「利用者の身体状況」記入例

利用者の身体状況	平成○○年9月の第2週ぐらいから時々原因不明の熱発があり、近医で点滴を受けていたが、12日に尻もちをつき第1腰椎圧迫骨折と診断される。29日にレントゲンでも左下肺野に炎症が見られ、肺炎ということで30日B医大病院へ入院することとなった。 　入院時診断名は肺化膿症・重症胸膜炎ということで24時間点滴を行い抗生剤投与、酸素吸入を行い、入院3週間後には白血球5400、CRPは5ぐらいになり、平行棒内歩行2往復程度のリハビリも開始され、トイレまでの移動など屋内の5m程度の近距離は介助歩行、長距離移動は車椅子移動で行っている。起き上がり、寝返りものにつかまれば可。入浴は手すりがあれば概ね軽介助で可能。排泄は尿失禁はあるもトイレまで介助歩行で移動している。

[表16] 「介護状況」記入例

介護状況	75歳の妻と二人暮らし、 近所に長男家族が居住し買い物や週2回程度の入浴介助などの介護は可能。

次の「住宅改修により、利用者等は日常生活をどう変えたいか」記入をする前に、自宅でのADLを確認していきます。

そのためには「理由書」2枚目の「①改善をしようとしている生活動作」の確認を行います。

●排泄についての確認

【トイレまでの移動】
　寝具である介護ベッドの配置によりますが、8帖の和室からトイレまでの移動はつかまるものがなく、介護もしくは見守りが必要です。

【トイレ出入口の出入】
　廊下からトイレまでの段差が5cmあるため、トイレ内の横手すりにつかまって昇降しています。

【便器からの立ち座り（移乗を含む）】
　便器に座って正面に設置してある横手すりにつかまって行っています。

【衣服の着脱】
　立ち上がることができれば、衣服の上げ下ろしは自分で行っています。

【排泄時の姿勢保持】
　排泄時の座位姿勢は、便器左側の肘乗せ台に肘をつき保持しています。

【後始末】
　自分で始末することが可能です。

【その他（　　　　　）】
　特にありません。

●入浴についての確認

【浴室までの移動】
　浴室までの移動はダイニングのテーブル等につかまりながら行っています。

【衣服の着脱】
　衣服の着脱は椅子に腰掛けて介助で行っています。また、この椅子からの立ち上がり、座り込みもつかまるところがないために介助で行っています。

【浴室出入口の出入（扉の開閉を含む）】
　浴室の出入りのとき、つかまるものが

ないために、折れ戸の開閉の際にふらつきがみられます。

【浴室内での移動（立ち座りを含む）】
　つかまるものがないために介助で行っています。

【洗い場での姿勢保持（洗体・洗髪含む）】
　高めのいすに腰かけて、洗体は本人が一人で行っています。

【浴槽の出入（立ち座りを含む）】

　蛇口横の縦手すりにつかまってまたいでいますが、不安定なために介助で行っています。また、浴槽から出るときに蛇口横の縦手すりだけではまたぎ動作は不安定です。

【浴槽内での姿勢保持】

　浴槽内につかまるものがあるため、入浴姿勢は安定しています。

【その他（　　　　）】

　特にありません。

●外出についての確認

【出入口までの屋内移動】

　玄関までの移動はつかまるものがないためふらつきがみられ、見守りで行っています。

【上がり框の昇降】

　上がり框には30cmの段差があり、つかまるところがないことと筋力低下のため後方から介助で行っています。

【車椅子等、装具の着脱】

　車椅子、装具等の着脱はありません。

【履物の着脱】

　立った状態で行うには、つかまるもの

がないために介助で行っています。

【出入口の出入（扉の開閉を含む）】

　玄関内につかまるものがないために、見守りで行っています。

【出入口から敷地外までの屋外移動】

　塀等つかまりながら、一人で行っています。

【その他（　階段　）】

　2階への階段は上るときの左側に手すりがありますが、片側だけでは不安定で後方から介助で行っています。

これらの状態から、改善しようとしている生活動作の各動作にチェックを行い、具体的に困難な状況を記入してみましょう。

[表17] 「①改善をしようとしている生活動作」のチェックおよび、
「② ①の具体的な困難な状況」記入例

	①改善をしようとしている生活動作	② ①の具体的な困難な状況（…なので…で困っている）を記入してください
排泄	☑ トイレまでの移動 ☐ トイレ出入口の出入（扉の開閉を含む） ☐ 便器からの立ち座り（移乗を含む） ☐ 衣服の着脱 ☐ 排泄時の姿勢保持 ☐ 後始末 ☐ その他（　　　　　　　）	寝具である介護ベッドの配置によりますが、8帖の和室からトイレまでの移動はつかまるものがなく、介護もしくは見守りで移動。
入浴	☐ 浴室までの移動 ☑ 衣服の着脱 ☑ 浴室出入口の出入（扉の開閉含む） ☑ 浴室内での移動（立ち座りを含む） ☐ 洗い場での姿勢保持（洗体・洗髪含む） ☑ 浴槽の出入（立ち座りを含む） ☐ 浴槽内での姿勢保持 ☐ その他（　　　　　　　）	浴室までの移動はダイニングのテーブル等につかまりながら行っている。衣服の着脱は椅子に腰かけながら介助で行い、立ち座りの時に掴まるものがないため介助で行っている。浴室の出入りの時つかまるものがないために折れ戸の開閉の時にふらつきがあり、浴室内での移動および、浴槽の出入りの時蛇口横の縦手すりにつかまって跨いでいますが不安定なために介助で行っている。また、浴槽から出るときに蛇口横の縦手すりだけでは跨ぎ動作は不安定。
外出	☑ 出入口までの屋内移動 ☑ 上がり框の昇降 ☐ 車いす等、装具の着脱 ☑ 履物の着脱 ☐ 出入口の出入（扉の開閉含む） ☐ 出入口から敷地外までの屋外移動 ☑ その他（　　階段　　）	玄関までの移動はつかまるものがないためふらつきがみられ、見守りで行っている。上がり框には30cmの段差があり、つかまることころがないことと筋力低下のため、後方から介助で行っている。履物の着脱はつかまるところがないため介助で行っている。2階への階段は上るときの左側に手すりがあるが、片側だけでは不安定で後方から介助で行っている。
その他の行為		

方針

次に住宅改修を行うことにより、安全に家で生活するための方針を検討していきます。

総合的な方針は、理由書の１ページ目の「住宅改修により、利用者等は日常生活をどう変えたいか」に記入し、排泄・入浴・外出それぞれの生活動作について、「できなかったことをできるようにする」「転倒等の防止、安全の確保」「動作の容易性の確保」「利用者の精神的負担や不安の軽減」「介護者の負担の軽減」などの項目にチェックを行います。

「住宅改修により、利用者等は日常生活をどう変えたいか」について考えてみましょう。Ａさんのご希望である

①一人で歩いて外出できるようになりたい。

②お風呂はゆっくりと肩までつかりたい（今まで毎日入っていた）。

③浴室の中に手すりを付けてほしい。

④ベッドからトイレまで安全に歩くために手すりを付けてほしい。

⑤退院後リハビリに通いたい。

ということと、奥さまのご希望である

①家の中を安全に移動できるように手すりを付けてほしい。

②安全に入浴できるように手すりを付けてほしい。

③リハビリに通って安全に移動できるようになってほしい。

ということをかなえるために、現在の移動手段である歩行動作を安全に行うためにも手すり設置及び介護用ベッドの使用という住環境整備が必要と考えられます。

[表18] 「住宅改修により、利用者等は日常生活をどう変えたいか」記入例

住宅改修により、利用者等は日常生活をどう変えたいか	家の中を安全に移動し、安全に入浴できるように手すりを付ける。また、ベッドからトイレまでの移動動線に手すりを付け、移動の自立と介護の軽減を図る。退院後リハビリに通うためにも安全に外出できるよう住環境整備を行ってゆく。

福祉用具の利用状況と住宅改修後の想定については、床からの立ち上がりが困難で移動も不安定であることから介護用ベッドを使用し、身長に対して体重が少なく骨突出が高度であることから床ずれ防止用具を退院後である住宅改修後に使用することにいたします。また、デイケア通所時はT杖使用し、見守り歩行の予定にします。

次に改修の目的のチェックを行い、改修方針を記入してみましょう。このときにはおおむね、住宅改修案を立てておくと改修方針を記入することができます。改修案として［図21―改修案図面］（94ページ）を載せておきます。

では「排泄」「入浴」「外出」それぞれに関して、改修目的のチェックと改修方針の記入を行ってみます。

［図21―改修案図面］（94ページ）

[表19] 「福祉用具の改修前の利用状況と住宅改修後の想定」記入例

福祉用具の改修前の利用状況と改修後の想定	改修前	改修後
● 車いす（車いす付属品を含む）	☐	☐
● 特殊寝台（特殊寝台付属品を含む）	☐	☑
● 床ずれ防止用具	☐	☑
● 体位変換器	☐	☐
● 手すり	☐	☐
● スロープ	☐	☐
● 歩行器	☐	☐
● 歩行補助つえ	☐	☐
● 認知症老人徘徊感知機器	☐	☐
● 移動用リフト（つり具を含む）	☐	☐
● 腰掛便座	☐	☐
● 特殊尿器	☐	☐
● 入浴補助用具	☐	☐
● 簡易浴槽	☐	☐
● その他		
・ T杖	☑	☑
・ _____	☐	☐
・ _____	☐	☐

	③ 改修目的・期待効果をチェックした上で、 改修の方針（‥することで‥が改善できる）を記入してください	
排泄	☑ できなかったことをできる 　 ようにする ☑ 転倒等の防止、安全の確保 ☑ 動作の容易性の確保 ☑ 利用者の精神的負担や 　 不安の軽減 ☑ 介護者の負担の軽減 ☐ その他	居室内横手すりを設置しベッドから立ち上がった後の移動を一人でできるようにする。廊下の物入れの下に横手すりを設置し、安全に移動できるようにする。
入浴	☑ できなかったことをできる 　 ようにする ☑ 転倒等の防止、安全の確保 ☑ 動作の容易性の確保 ☑ 利用者の精神的負担や 　 不安の軽減 ☑ 介護者の負担の軽減 ☐ その他	脱衣室に縦手すりを設置し、椅子への立ち座りを容易にできるようにする。洗い場左手に横手すり、浴槽正面に横手すり、浴室折り戸左手に縦手すりを設置して、浴室内移動、浴槽の出入り、ドアの開閉を容易にできるようにする。
外出	☑ できなかったことをできる 　 ようにする ☑ 転倒等の防止、安全の確保 ☑ 動作の容易性の確保 ☐ 利用者の精神的負担や 　 不安の軽減 ☑ 介護者の負担の軽減 ☐ その他	居室から玄関までの動線である廊下納戸下に横手すりを設置し、玄関までの移動を安全にできるようにする。また、下駄箱に横手すり、げた箱横の壁に縦手すりを設置し、靴の着脱、上がり框の段差昇降を容易にできるようにする
その他の行為	☐ できなかったことをできる 　 ようにする ☐ 転倒等の防止、安全の確保 ☐ 動作の容易性の確保 ☐ 利用者の精神的負担や ☐ 不安の軽減 　 介護者の負担の軽減 ☐ その他	

[表21] 「④改修項目（改修箇所）」記入例

④改修項目（改修箇所）	
☑手すりの取付け	□引き戸等への扉の取替え
（玄関：移動経路、上がり框　　　）	（　　　　　　　　　　　　　　　）
（廊下：移動経路　　　　　　　　）	（　　　　　　　　　　　　　　　）
（階段：右壁面　　　　　　　　　）	□便器の取替え
（居室：移動経路　　　　　　　　）	（　　　　　　　　　　　　　　　）
（脱衣室　　　　　　　　　　　　）	（　　　　　　　　　　　　　　　）
（浴室：移動、またぎ、ドア開閉経路）	□滑り防止等のための床材の変更
□段差の解消	（　　　　　　　　　　　　　　　）
（　　　　　　　　　　　　　　　）	（　　　　　　　　　　　　　　　）
（　　　　　　　　　　　　　　　）	□その他
（　　　　　　　　　　　　　　　）	（　　　　　　　　　　　　　　　）
	（　　　　　　　　　　　　　　　）

　そして改修項目（改修箇所）の記入です。

　改修項目としては、□手すりの取付けとなり、改修箇所としては玄関、廊下、階段、居室、脱衣室、浴室となります。

（表21 A氏住宅改修理由書記入例）

[図21] **改修案図面**

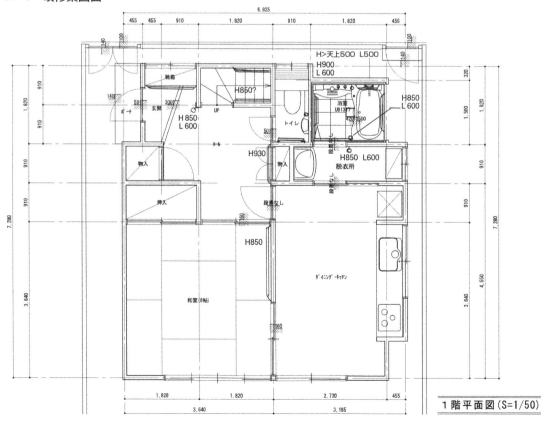

1階平面図（S=1/50）

[表22] **住宅改修が必要な理由書　A氏記入例　P 1**

住宅改修が必要な理由書 P 1

〈基本情報〉

利用者	被保険者番号		年齢	80歳	生年月日	明治 大正 昭和　年　月　日	性別	□男　□女
	被保険者氏名	A	要介護認定（該当に○）		要支援 1・2	要介護 経過的・1・2・③・4・5		
	住所							

作成者	現地確認日	平成　年　月　日	作成日	平成　年　月　日	確認印
	所属事業所				
	資格 (作成者が介護支援専門員でないとき)				
	氏名				
	連絡先				

保険者	確認日	平成　年　月　日	評価欄
	氏名		

〈総合的状況〉

利用者の身体状況	平成○○年9月の第2週ぐらいから時々原因不明の熱発があり、近医で点滴を受けていたが、12日に尻もちをついて第1腰椎圧迫骨折と診断される。肺炎ということで30日B医大病院へ入院することとなった。入院時診断名は肺炎・重症胸膜炎ということで24時間点滴を行い、入院3週間後には平行棒内歩行2往復程度のリハビリも開始され、トイレまでの移動など屋内の5m程度の近距離は介助歩行、長距離離移動は車椅子移動を行っている。起き上がり、寝返りはものにつかまれば可能。入浴は手すりがあればおおむね軽介助で可能。排泄は尿失禁はあるもトイレまで介助歩行で移動している。
介護状況	75歳の妻と2人暮らし、近所に長男家族が居住し、買い物や週2回程度の入浴介助などの介護は可能。
住宅改修により、利用者等は日常生活をどう変えたいか	家の中を安全に移動し、安全に入浴できるように手すりを付ける。また、ベッドからトイレまでの移動動線に手すりを付け　移動の自立と介護の軽減を図る。退院後リハビリに通うためにも安全に外出できるよう住環境整備を行ってゆく。

福祉用具の利用状況と住宅改修後の想定		改修前	改修後
●車いす		□	☑
●特殊寝台		□	☑
●床ずれ防止用具		□	□
●体位変換機		□	□
●手すり		□	□
●スロープ		□	□
●歩行補助つえ		□	□
●認知症老人徘徊感知装置機器		□	□
●移動用リフト		□	□
●腰掛け便座		□	□
●特殊尿器		□	□
●入浴補助用具		☑	□
●簡易浴槽		□	□
●その他		□	□
・T杖	・	☑	□
・	・	□	□
・	・	□	□

第6章　演習　**93**

[表23] 住宅改修が必要な理由書　Ａ氏記入例　Ｐ２

住宅改修が必要な理由書 P2

〈P1の「総合的状況」を踏まえて、①改善しようとしている生活動作②具体的な困難な状況③改修の方針と改修の方針④改修項目 を具体的に記入してください〉

	①改善をしようとしている生活動作	②「①改善しようとしている生活動作」を踏まえて、…なので…で困っている状況 を記入してください	③改修の方針（…するとで…が改善できる）を記入してください	④改修項目（改修箇所）
排泄	✓ トイレまでの移動 □ トイレ出入口の出入（扉の開閉含む） □ 便器からの立ち座り（移乗を含む） ✓ 衣服の着脱 □ 排泄時の姿勢保持 ✓ 後始末 □ その他（　　）	トイレまでの移動はつかまるところがなく介助もしくは見守りで移動。トイレ出入り口の5cmの段差昇降時、トイレ内横手すりにつかまって昇降している。便器からの立ち座りは正面の横手すりにつかまって行っている。	✓ できなかったことをできるようにする ✓ 転倒等の防止、安全の確保 ✓ 動作の容易性の確保 ✓ 利用者の精神的負担や不安の軽減 ✓ 介護者の負担の軽減 □ その他（　　） 居室内横手すりを設置し椅子からベッドから立ち上がった後の移動を一人でできるようにする。廊下の物入れの下に横手すりを設置し安全に移動できるようにする。	✓ 手すりの取付け （玄関：移動経路、上がり框　） （廊下：移動経路　） （階段：右壁面　） （居室：移動経路　）
入浴	✓ 浴室までの移動 ✓ 衣服の着脱 ✓ 浴室出入口の出入（扉の開閉含む） □ 浴室内での移動（立ち座りを含む） □ 洗い場での姿勢保持（洗体・洗髪含む） ✓ 浴槽の出入 □ 浴槽内での姿勢保持 □ その他（　　）	浴室までの移動はダイニングテーブル等につかまりながら行っている。衣服の着脱は椅子に腰掛けながら介助で行い、立ち座りの時につかまるものがないため介助で行っている。浴室の出入り口の時につかまるものがまるまっていたため浴室の開閉の時にふらつきがあり、浴室内の移動は折れ戸につかまり、浴室の出入り、蛇口横の移動手すりにつかまって行っています。また、浴槽から出る時に介助して行っている。浴槽の縦手すりだけではまたぎ動作は不安定。	✓ できなかったことをできるようにする ✓ 転倒等の防止、安全の確保 ✓ 動作の容易性の確保 ✓ 利用者の精神的負担や不安の軽減 ✓ 介護者の負担の軽減 □ その他（　　） 脱衣室に縦手すりを設置し容易にできるようにする。洗い場に横手すり、浴室折れ戸に縦手すりを設置して、浴室内の移動、浴槽の出入り、ドアの開閉を容易にできるようにする。	✓ 手すりの取付け （脱衣室：　） （浴室：移動、またぎ　） □ 段差の解消 （　　） （　　）
外出	✓ 出入口までの屋内移動 ✓ 上がりかまちの昇降 ✓ 車いす等、装具の着脱 □ 履物の着脱 ✓ 出入口の出入（扉の開閉含む） □ 出入口から敷地外までの屋外移動 ✓ その他（　階　段　）	玄関までの移動はつかまるものがないためふらつきがみられ、見守りで行っている。上がり框には30cmの段差があり、つかまるところがないことと助力低下のため後方からの介助で行っている。履物の着脱は介助で行っている。つかまるところがないため、介助で行っている。2階への階段は上る時に手すりがあるが、片側だけで上る階段は手すりの左側につかまって後方から介助で行っている。	✓ できなかったことをできるようにする ✓ 転倒等の防止、安全の確保 ✓ 動作の容易性の確保 ✓ 利用者の精神的負担や不安の軽減 ✓ 介護者の負担の軽減 □ その他（　　） 居室内から玄関までの動線である廊下内戸下に横手すりを設置し、玄関までの移動を安全にできるようにする。また、下駄箱横に縦手すりを設置し、靴の着脱、上がり框の段差昇降を容易にできるようにする。	✓ 手すりの取付け （　　） （　　） □ 引き戸等への扉の取替え □ 便器の取替え （　　） （　　）
その他の行為			□ できなかったことをできるようにする □ 転倒等の防止、安全の確保 □ 動作の容易性の確保 □ 利用者の精神的負担や不安の軽減 □ 介護者の負担の軽減 □ その他（　　）	□ 滑り止め等のための床材の変更 （　　） （　　） □ その他

住宅改修相談 Q&A

Q1, 手すりの設置をすすめるべき？

私はケアマネジャーです。担当している利用者の方に手すり設置をすすめたいと思うのですが、「まだ大丈夫」とおっしゃっています。数カ月前に玄関で尻もちをついてしまったので、安全に過ごしていただきたいと思うのですが遠慮されています。このようなときは無理やりでもすすめた方がいいのでしょうか。

A, 利用者の方が手すり設置に対してまだ希望されていないのですね。安全な生活や予防的にと思っていても、ご本人が拒否をされているときは無理やりにというわけにはいかないと思いますが、ご希望されない理由を考えてみたいと思います。

高齢者の方の中には、ご自身の身体機能の低下をなかなか認められない方がいらっしゃいます。いわゆる老化による機能低下はなかなか自覚しにくいものだからです。かといって骨折してからでは遅すぎます。老いの自覚そのものに個人差があること、またこの気持ちの中には認めたくない気持ちと、新しいことになじめない気持ちや人から言われたことに対して素直に聞くことができない気持ちなどがあります。しばらく時間をかけながら、ご本人の気持ちの変化を観察していくことが大切です。例えば、友人が手すりを付けてとても便利になったことを聞いた、テレビで高齢者のバリアフリーに関する番組を見た、子供から気をつけるように言われた、など気持ちが変化するきっかけというものがあると、そのことがよいタイミングとなり工事の話が進むこともあります。

また、今回転倒した箇所における手すり設置及び住宅改修の相談をされてはいかがでしょうか。一度転倒したところは要注意です。再度転倒しないためにも住宅改修で予防をすることをおすすめし、住宅改修の効果を肌で感じていただいてから、さらに不便なところや不安なところの再確認をし、ご本人の気持ちを変えていけるかどうかだと思います。そのときには住宅改修の経験のある理学療法士や作業療法士が各自治体にいるか相談をするとよいでしょう。工務店もどこにどのような工事を希望するかを聞く工務店ではなくて、実際に動作の確認をして一緒に工事内容を検討してくれる工務店がよいでしょう。特に工務店の場合には、トイレ・玄関・浴室だけを見てアドバイスするところが多いと思われますが、高齢者対応の工事に慣れている方は、実際どのように生活されて、どこが不便なのか、どこが危険なのかを一緒に見てくれます。例えば、「玄関のここに手すりが欲しい」とおっしゃった場合でも、「なぜそこに手すりが欲しいと思われるのですか？」とディマンズを聞くだけでなく、ニーズの把握をしようとしてくれるところがあります。そのような対応をしてくれる工務店ならば安心できると思います。また、どのような目的でプランを立てたかによって工事金額も変わってきますので、お互いに優先順位をつけて見積もりを出して

もらうとよいでしょう。そうでないと、古くなってきたところを新しくするリフォームも、ごっちゃになって見積もりが出てくることがありますので注意をするようにしてください。

実際に工事を行って「手すり1本の設置が大変便利だったからもっと工事をしたい」とおっしゃる方もいらっしゃいます。このような場合はご本人がニーズを確認することができて、ディマンズとして浮かび上がっている状態になっているといえます。このときが本当の住宅改修のタイミングになります。このようにニーズとディマンズが一致した場合には、まず住宅改修は9割成功したといえるでしょう。実際の手

すりの材質や手すりの高さ、長さについては、打ち合わせをきめ細かに行い、必要に応じて付け直しをしてくださる工務店を見つけるともう大丈夫といえるでしょう。どんなに経験があっても住宅改修は個別性が高いので打ち合わせ通りが正しい工事とはいえません。実際に使ってみて便利であり、不自由がなくなった改修が正しい工事ということが言えます。そのことを分かってくださる工務店を探すことができたなら住宅改修はうまくいくことでしょう。工事金額の安さにばかり目を向けてしまうと、よい工務店選びができなくなる場合があるので注意をしていただきたいと思います。

Q2, 高齢者の身体機能の特徴

私の父は85歳です。母が3年前に亡くなってから一人暮らしをしていましたが、最近になって一人暮らしが大変になってきたので同居を考えています。父と同居をするに当たり私の家の改修をしなければならないと思いますが、工事をする前に高齢者の身体機能の特徴を教えていただけないでしょうか。

A, お父さまと同居される予定なのですね。とてもすばらしいことです。ここでは一般的な高齢者の特性をご説明いたします。

まず高齢者とは一体何歳からなのかといいますと、一般的に65歳以上の人のことをさすと考えてよいでしょう。1956年の国連報告書において、65歳以上の人口比率が7％以上の場合を高齢化社会と呼んだことからきているようです。そして65歳

から74歳までを前期高齢者、75歳以上を後期高齢者と呼ぶこともあります。

このような高齢者の方々の身体的特性は、いわゆる「老化」からきているものが多くあります。一般的に老化現象で著明に現れるのは、神経や筋肉からの症状からは、筋力の低下や平衡感覚機能の低下、敏捷性の低下が現れます。

視覚や聴覚では、近いところが見にくくなる遠視や明暗に対する反応の低下、聞こ

えが悪くなる難聴で、特に高音域が聞こえにくくなります。

骨関節では、骨がもろくなる骨粗鬆症になったり転倒すると骨折しやすくなります。また、背骨や膝の関節の変形により背中が丸くなったり痛みが出たりします。

腎機能では尿の回数が増えたり、膀胱炎になることが多く、ときには尿失禁を起こすことがあります。男性では前立腺肥大症になるとおしっこに時間がかかり、頻尿になったり、残尿感を起こしたりすることがあります。また、腎臓の機能低下により夜間尿の形成が起こり、夜中にトイレに起きることが多くなります。

循環器では、動脈硬化により高血圧症や脳梗塞、心筋梗塞などの心臓の病気が起こりやすくなります。

消化器では唾液の分泌低下により口が渇いたり、歯がぐらぐらしたり噛みにくくなることがあります。

免疫では、感染症への抵抗力が落ちてくることがあります。

これらのことから高齢者の方に接する場合の注意点として、老化は自然な現象であるので、そのことを踏まえて生活を少しずつ変えていくことが必要です。しかし中には老化と思っていることが、病気が原因であることもありますので、病気かどうかの発見と治療も必要になります。

高齢になると筋力の低下・平衡感覚機能の低下、敏捷性の低下、目が見にくくなることにより、ちょっとした段差で転倒しやすくなってしまいます。段差には蛍光テープを張ったり階段には手すりを付けたり、玄関の上り下りのために手すりを設置したりすることが有効になることがあります。

また、生活習慣病にならないように適度な栄養と運動を行うことも必要になります。特にのどの渇きに気が付かなくなることがあったり、夜中のトイレに行きたくないからといって水分を制限する方がいらっしゃいますが、適度に水分を取り脱水にならないように気をつけることも大切です。

Q3, 母の浴槽のまたぎが心配です

母は元気な頃、お風呂が何よりも好きで多いときは1日に何度も入っていました。現在では、何とか介助なしで浴槽のまたぎができますが、やや心配です。大きなケガをしないうちに今から対応を考えておきたいのですが、どうしたらよいでしょうか？

A, お風呂が大好きで毎日入りたいというお母さまに安全に入っていただくなんていいお話ですね。入浴事故で多いのが浴室内での温度変化によるヒートショックと呼ばれる現象です。ヒートショックとは「急激な温度変化が体に及ぼす影響」のことで、血圧の急な変動や、脈拍が早くなることで事故につながる場合があります。この事故を防ぐには、脱衣室、浴室の室温を温めることが重要です。特に冬における入浴事故が多く、この寒暖差が原因と見られます。

そのほかの入浴事故で考えられることは、浴室内転倒と浴槽またぎ困難における事故が考えられます。浴室内転倒を防ぐには洗い場の床材を滑らないものにするということと、洗い場の移動時に手すりを設置して転倒を防ぐことが対処方法となります。この場合、入浴動作を、脱衣・浴室の出入り・洗い場の移動・洗体（洗髪を含む）・浴槽またぎ・浴槽内立ち座り・浴槽またぎ・浴室から脱衣室への移動・着衣、という全体的な流れを把握することが大切です。特に洗体時の着座姿勢と洗い場移動、洗体後の浴槽またぎを行うときの動作確認を行い、入浴用いすを用いるか用いないかによることでも、移動動線が変わることがありますので、その動線を確認して、移動時の安定のための手すり設置と、浴槽

またぎ時の安定のための手すり設置やまたぎ動作の検討を行うとよいでしょう。

浴槽またぎのとき、将来的に座位またぎの方が安全に入浴できると思われても、ご本人の意識の中に「まだ立ってまたぐことができる」という思いがある場合、座位またぎを利用しない場合がありますが、座位またぎの方法とはこのような方法で安全に行うことができる、ということを知っていただくことは非常に重要です。将来動作変更のときにできなくなってからその動作を初めて教わるのではなく、動作ができているときにいろいろな動作を知っておくと、不安定になったときに、以前教わった動作を行うほうが容易に行うことができるからです。また「浴槽の中に入れたけれど、出ることができなくなってしまった」という場合も時々あります。慌ててしまい、おぼれないように栓を抜いてお湯を流したら、かえって出ることができず寒くなってしまった、という話を聞いたことがあります。緊急の場合にご家族を呼ぶことができるように、浴室内の温度調整リモコンに呼出しがついているものであれば、入浴中に呼出しスイッチが押せる位置にリモコンの設置を考えます。また、呼出しリモコン単独の設置も有効です。

浴槽をまたぐときの方法には、立位で

[写真41]　正面またぎ①

[写真42]　正面またぎ②

[写真43]　正面またぎ③

[写真44]　側方またぎ①

[写真45]　側方またぎ②

[写真46]　側方またぎ③

またぐ方法・座位でまたぐ方法がありま
す。立位でまたぐ方法には正面またぎ
[写真41〜43]と側方またぎ[写真44
〜46]と側方足上げまたぎ[写真47〜
49]があります。正面またぎのときには、
正面に足を挙上しますので、足が上げやす
くなるように、肩から肘の間のところにつ
かまる位置に手すりを設置するとよいで
しょう。側方からまたぐときは、両手に体
重をかけ、足を上げてまたぎますが[写
真44、45]、両手に体重をかけやすいよ
うに両肘を軽く曲げた位置に手すりがく
るようにします。おおむね浴槽の縁から
300mm前後の位置に横手すりがくること
が多いでしょう。側方足上げまたぎは、膝
や股関節に変形がある方に多く見られるま
たぎ方です。足を上げるとき身体をやや後
方に倒しますので[写真47]、そのとき
に手がつかまりやすい位置に手すりを設置
するようにします。

[写真47] 側方足上げまたぎ①

[写真48] 側方足上げまたぎ②

[写真49] 側方足上げまたぎ③

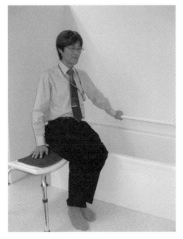

[写真50] 身体を浴槽ふちの方に座り

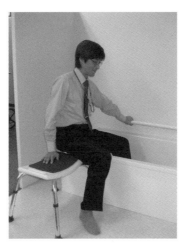

[写真51] 片足を入れてから

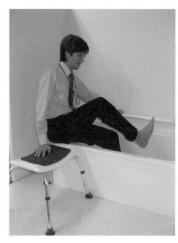

[写真52] もう片方の足を上げ

　座位またぎは浴槽ふちに入浴用いすの高さを合わせ、入浴用いすを浴槽につけて身体を浴槽ふちの方に座り[写真50]、片足ずつまたいで浴槽の中に足を入れ[写真51〜53]、浴槽の中に座ります[写真54]。このときの入浴用いすはできるだけ座面が平らなものの方が座位が安定し、臀部をずらすときもずらしやすいでしょう。

　浴槽内で温まっているときの注意点とし

て、肩までもしくは首まで温まろうとして身体を足の方にずらすと足が浮いて溺れそうになることがあります。特に高齢の方や麻痺のある方の場合、足は浮きやすいようです。足が浮かないように入浴する方法としては、背中を浴槽の背もたれにしっかりとつけることですが、その状態から臀部が足のほうにずれないように、滑り止めマットを敷くことをおすすめめいたします。滑り止めマットは立ち上がるときの足の滑り

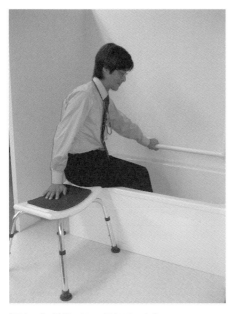

[写真53] 浴槽の中に両足を入れてから

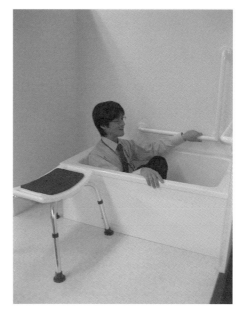

[写真54] 座ります

止めだけではなく、臀部まで敷くことにより臀部のずれを防ぎ、足が浮きにくくなるのでとても安全に入浴できる福祉用具といえるでしょう。滑り止めマットには吸盤タイプ・据置タイプがありますが、浴槽の底が乾いている状態で敷いてからお湯を入れるようにしてください。

　これらのことに注意して、不便と思われるところや不安だと思われるところに手すりを設置したり、入浴用いすを使用されるとよろしいと思います。いきなりユニットバスを設置したりする工事を行うのではなく、段差が大変なのか、またぎが大変なのか、浴室自体の環境が寒いのか、不便なところを洗いだしてその不便さを解消する方法として予算の範囲内で工事や福祉用具の購入をされるとよいと思います。

Q4, バリアフリー住宅とはどういうもの?

父が高齢になってきたのでバリアフリー住宅を建てようと思うのですが、バリアフリー住宅というものはどういうものなのでしょうか。教えてください。

A, バリアフリー住宅というと、バリアである建物の障壁という意味から、車椅子でも生活できる住宅を中心に紹介されているようです。「段差をなくしてフラットにした」「階段には手すりを付けた」「トイレは引き戸にして車椅子でも入れるようにした」「洗面台や流しは車椅子対応の物を使用した」などがあげられると思いますが、実は人によりバリアの限度というものは違いがあります。建築の立場では、2000年4月から施行された「住宅の品質確保の促進等に関する法律(品確法)」第3条第1項の規定に基づく「日本住宅性能表示基準」においては、5mm以下の段差は許容されているということになっています。したがって施工側からは段差なしは5mm以下の段差ですが、車椅子使用者及び高齢者や障害を持った方が歩くときの5mmは段差ゼロではなく、段差5mmのバリアですので注意が必要です。

人によっては、このような段差があるために、大変な思いをして段差を乗り越えるよりも、動かないほうがましだと考える方がいらっしゃるかもしれません。そうすると、日常生活上の不便さはすべてバリアということができるのではないでしょうか。ですから、建物の段差やドアの開けにくさなどは建物のバリアですが、出たいと思わないというのは心のバリアということがい

えるでしょう。家族が協力的でない場合はご家族の考え方がバリアになることでしょう。したがって、「段差をとる」「ドアを引き戸にする」「階段に手すりをつける」「玄関の上がり框を低くする」「トイレは将来的に車椅子で対応できるような介護スペースをとることができるように設計する」など、建物から見たバリアフリー対応をするばかりでなく、お父さまにとって何cmの段差になるとバリアになるのか、お父さまにとって過ごしにくい間取りや居間であればそれもバリアになりますし、お父さまにとって外出したくなるような手すりの設置、その手すりも昇降しやすい高さで、握りやすく、力が入りやすいものであればバリアである段差を解消する手すり設置となっていくわけです。

これまでできなかったことができるようにということと、できなかったこと、もしくは、したいけれどもしにくかったことができるように、そしてしたくなるようにという視点で建物と生活の見直しを行うことが、本当の意味でのバリアフリーではないかと思います。

参考文献:
『生活に合わせたバリアフリー住宅Q&A』
ミネルヴァ書房、
溝口千恵子・加島　守

Q5, 住宅改修におけるケアマネジャーの役割

住宅改修は一人で行うこともできないですし、工務店に任せきりにしてしまうと、理由書を書くときに困ってしまうことがあります。住宅改修を行うとき、ケアマネジャーとして何をしたらよいでしょうか。

A, 住宅改修はチームアプローチで行っていくものですが、ご本人・ご家族の希望、ケアマネジャーの役割、理学療法士・作業療法士の役割、工務店・建築士の役割があると思います。ケアマネジャーの方の役割として、利用者ご本人とご家族の「ニーズの発見」・「ディマンズを引き出す」ということがあげられます。ご本人のディマンズが出ていないところで住宅改修のニーズを発見し、ご本人・ご家族の調整を行いながらディマンズを引き出していくことが、住宅改修の始まりとなってきます。この調整が上手くいかないと私たちの思いやりが「押し付け」になってしまうことが多々あります。また、ケアマネジャーの方は契約のときから始まり、毎月1回は利用者の方のモニタリングを行う中で、ご本人・ご家族の方の生活を把握しています。その生活の仕方の変化を捉えているからこそ、ご本人を理解することができるというのも多くあると思います。理学療法士・作業療法士・建築士などは住宅改修の必要性、もしくは希望があってからご相談に乗る場合が多く、身体機能や住環境については詳しくてもご本人・ご家族の本当の気持ち、ご本人・ご家族の住宅改修に対する意向やイメージなどについては、ケアマネジャーの方のほうが把握していると思われます。また、利用者の立場に立つことができるのもケアマネジャーの特権ではな

いかと思います。住宅改修のプランを立てるとき、どうしてもご本人の気持ちよりも安全性や利便性を優先してしまうことがありますが、ケアマネジャーの方は利用者の立場に立って考える・利用者の立場に立って見積書を読むことができると思います。

すなわち利用者の代弁者として生活の中から住宅改修の目的の優先順位をつけることができる人なのではないでしょうか。そのような立場に立てば、理学療法士・作業療法士は身体機能の視点から、工務店・建築士は住環境の視点からプランを立て、ケアマネジャーの立場から、どのようなプランであれば、予算も含めて利用者の生活がどのように変わるのか、一緒に考えていけるのではないでしょうか。

このように住宅改修を行えば、住宅改修の理由書を作成するとき、身体機能及び生活の中で具体的な困難な動作・改修目的と改修の方針を捉えることができ、その結果の改修箇所と改修項目という流れで、住宅改修の理由書を記入することができるでしょう。そして、その改修箇所と改修項目を考えるためには「本人の身体状況と移動形態」、「介護状況」、「住宅改修により利用者等は日常生活をどう変えたいのか」を把握していないと作成できないことが、お分かりになるのではないかと思います。

Q6, 住宅改修費用について

私の妻の父は大幅な改修を望んでいるようですが、義理の母は金額的なことばかり注文してきて、義父の意向に沿うことができそうにありません。どうしたらよいでしょうか?

A, 大幅な改修を希望されているのはなぜでしょうか。また、金額的なことは改修内容及び部材の関係が出てきます。まずはどのような改修内容かを決めることが先決でしょう。その後で金額的に安くする方法はどのような方法があるか検討するとよいと思われます。金額的なことを優先してしまうと、逆に部材が決定されてしまうことがあります。例えば、施工業者さんの中で「○○の○という商品ならば2割引き・3割引き可能です」という商品があったと仮定すると、必然的に商品に生活を合わせたりすることになってきます。

商品を決定する上で使い勝手や見栄えなどから見ても甲乙つけ難い、後は金額の面で安い方を選びたい、ということならば金額で決定されるとよいでしょう。しかし、高齢になってきたり障害をもたれたりすると、商品に身体を合わせることができなくなってきます。身体に合った商品を選定し、さらに金額的なところで費用をかけるところと、費用を安く済ませるところを検討していくことが大切だと思います。

住宅改修というのは、ご本人が必要としていることを見抜くことが必要とされています。義理のお父さまはどのような改修を望まれているのかということは、どのような生活を希望されているのか、ということです。義理のお父さまのしたい生活というものを住宅に置き換えると、具体的にどのようなものになるのかをよく検討され、今不便なところをどのように改修すると便利になり、さらにこれからもずっと便利にしていくためには、どのような改修をするとよいか、よく検討されるとよいと思います。

工事内容をはっきりとさせる方法としては、

①生活範囲の把握
②立ち座りやまたぐときに工夫していることはあるか
③柱などつかまっているところはあるか
④病気や障害があるか
⑤玄関・廊下・階段・トイレ・浴室を実際に歩いていただいて、どのように移動しているかの確認
⑥移動動線の確認

などがあります。

これらのことを確認する中で住宅改修という工事ばかりでなく、福祉用具との併用や暮らし方の工夫ということも必要とされます。このような検討を行う中で、何度か見積もりを取っていく中で、希望金額を明らかにされていくとよいのではないでしょうか。

参考までに、工事内容を決定するための
ポイントを紹介いたします。

①手すりをつける場合、横移動には横手す
　り、方向転換や立ち座り・段差昇降には
　縦手すりを付ける。

② 大きな段差の場合には式台を付け、必
　要に応じて手すりを付ける。

③段差をとるとき5mmの段差も将来的
　に障害になることがあるので、できるだ
　け平らにする。

④ドアノブを回しにくいときにはレバーハ
　ンドルにする。

⑤浴室の洗い場スペースを有効に活用する
　ためには、浴室のドアを引き戸か折れ戸
　にする。

⑥浴室および脱衣室が寒い場合には、暖房
　を付ける。

⑦浴槽をまたぎにくい場合には、入浴用い
　すを浴槽の縁の高さ（おおむね400mm

程度にする）に合わせ、座った状態でま
たぐ方法での入り方を試してみる。

⑧歩行器の幅は510mmから630mm程度、
　車椅子の幅は550mmから650mm程度
　あるので、方向転換やドアの開口幅はこ
　の大きさを考慮する。

⑨フローリングにした場合の床材は、無垢
　材・合板・コルクタイルの種類により滑
　りにくさ、クッション性、コストに違い
　があるのでよく検討をする。

⑩寝室にベッドの使用を考えた場合、8畳
　以上のスペースがあった方がよい。

⑪高齢になるとトイレが近くなるので、寝
　室の近くにトイレを配置するとよい。

参考文献
『生活に合わせたバリアフリー住宅Q＆A』
ミネルヴァ書房
溝口千恵子・加島　守

Q7, 退院時の住宅改修の注意点

私はケアマネジャーです。今度担当するＡさんは脳梗塞で倒れて入院しています。半身が不自由になってしまいました。それも利き腕の方が不自由になってしまったため、突然、不自由な生活を送ることになってしまいました。退院に合わせて住宅改修を希望されていますが、どんなことに注意すればよろしいでしょうか。

A, 入院中の利用者が退院に合わせて住宅改修をするときの特徴としては、在宅生活を送っていませんので、何に不自由なのかが本人が一番わからないことにあります。もちろんご家族にもわかりません。入院中のＡＤＬがある程度は参考になりますが、自宅環境と違う点からも、入院中の通りの生活の仕方ができるわけではありません。このことにより、退院時の住宅改修に失敗が多いと言われています。

住宅改修というのは、住環境との不適合を解決することですので、その不適合がどこなのかを見つけることが必要になります。ですから、できれば早めに住宅改修の相談を受け、外泊して一時的に自宅で生活されることをおすすめいたします。１日でも自宅で生活することにより、生活の中で不自由なところを発見することができると思います。

また、特に浴室の改修ですが、実際に入浴をしてみなければ、もしくは詳しく動作を検討してみなければ、住宅改修の内容を決めることができません。できれば退院してから入浴の段取りを落ち着いて検討し、焦ることなく住宅改修をしていただいた方がよいと思います。

また、病院によっては担当している理学療法士や作業療法士が自宅訪問し、住宅改修のアドバイスを行っているところもありますので、相談されるとよいでしょう。しかし、病院の理学療法士や作業療法士は退院後の生活を把握することができません。住宅改修のフォローアップを行うことができないのです。同一法人内の介護老人保健施設や訪問看護ステーション、診療所などから理学療法士や作業療法士の訪問依頼を行い、退院後のフォローアップなどがシステム化されると、病院スタッフにもアドバイスがよかったかどうかの経験の蓄積が行われていくのではないでしょうか。

Q8, 家庭内事故

バリアフリーを念頭に置いてこれから建て替えを考えています。家の中で転びやすいところや事故を起こしやすいところというのはあるのでしょうか。あればそのことを考慮して建て替えを考えて見たいと思います。

A, 厚生労働省の「人口動態統計」によると、平成30年の統計では、死因の中での不慮の事故は、悪性新生物、心疾患、老衰、脳血管疾患、肺炎に次いで6番目に多く、41,213人となっています[表24]。

国民生活センターでは家庭内事故を、「人口動態統計からは家庭における不慮の事故死」「危害情報システムでは、家庭で発生した生命・身体に係わる事故」とし、階段・浴室・浴槽などの住宅構成材による事故の他、家庭内で使用・利用されているその他の商品による事故も含めています。

[表24] **平成30年人口動態統計の概況
死因順位（第10位まで）別死亡数・死亡率（人口10万対）・構成割合**　　　厚生労働省

死　因	死因順位[1]	平成30年 総数 死亡数(人)	総数 死亡率	死因順位[1]	男 死亡数(人)	男 死亡率	死因順位[1]	女 死亡数(人)	女 死亡率	死因順位[1]	平成29年 総数 死亡数(人)	総数 死亡率
全　死　因		1 362 482	1096.8		699 144	1156.5		663 338	1040.3		1 340 397	1075.3
悪性新生物（腫瘍）	(1)	373 547	300.7	(1)	218 605	361.6	(1)	154 942	243.0	(1)	373 334	299.5
心　疾　患（高血圧性を除く）	(2)	208 210	167.6	(2)	98 027	162.1	(2)	110 183	172.8	(2)	204 837	164.3
老　衰	(3)	109 606	88.2	(5)	28 201	46.6	(3)	81 405	127.7	(4)	101 396	81.3
脳血管疾患	(4)	108 165	87.1	(3)	52 385	86.7	(4)	55 780	87.5	(3)	109 880	88.2
肺　炎	(5)	94 654	76.2	(4)	52 149	86.3	(5)	42 505	66.7	(5)	96 841	77.7
不慮の事故	(6)	41 213	33.2	(6)	23 653	39.1	(6)	17 560	27.5	(6)	40 329	32.4
誤嚥性肺炎	(7)	38 462	31.0	(7)	21 654	35.8	(7)	16 808	26.4	(7)	35 788	28.7
腎不全	(8)	26 080	21.0	(10)	13 230	21.9	(9)	12 850	20.2	(8)	25 134	20.2
血管性及び詳細不明の認知症	(9)	20 526	16.5	(15)	7 378	12.2	(8)	13 148	20.6	(10)	19 546	15.7
自　殺	(10)	20 032	16.1	(9)	13 854	22.9	(15)	6 178	9.7	(9)	20 465	16.4

注：1）（　）内の数字は死因順位を示す。
　　2）男の8位は「慢性閉塞性肺疾患（COPD）」で死亡数は15 319、死亡率は25.3である。
　　3）女の10位は「アルツハイマー病」で死亡数は12 437、死亡率は19.5である。
　　4）「結核」は死亡数が2 204、死亡率は1.8で第30位となっている。
　　5）「熱中症」は死亡数が1 578、死亡率は1.3である。

[表25] **家庭における不慮の事故の種類別件数**

事故の種類	件数	割合（%）
総数	10,314	100.0
転倒・転落	2,042	19.8
不慮の溺死・溺水	2,891	28.0
その他の不慮の窒息（誤嚥による）	3,271	31.7
煙・火災および火炎への暴露	1,222	11.8
熱および高温物質との接触	160	1.6
有害物質による不慮の中毒・暴露	346	3.4

[表26] **外国との比較例（事故発生場所）** （%）

	日本（危害情報システム）	イギリス（HASS）
居間	35.5	33.0
台所	22.7	15.1
階段	13.4	13.0
浴室	7.7	4.8
庭	7.2	17.2
玄関	4.3	2.3
ベランダ	1.0	―
洗面所	0.9	―
その他	7.2	14.6
合計	100.0	100.0

[表27] **けがの種類**

けがの種類	件数	割合（%）
擦過傷・挫傷・打撲傷	9,200	32.3
刺傷・切傷	6,263	22.0
熱傷	5,555	19.5
異物の侵入	3,372	11.8
骨折	1,984	7.0
脱臼・捻挫	605	2.1
皮膚障害	534	1.9
その他の傷病および諸症状	314	1.1
その他	637	2.0
合計	28,464	100.0

1999年6月4日の国民生活センターの「家庭内事故に関する調査報告書」によると、

・誤嚥による不慮の窒息（32%）
・不慮の溺死・溺水（28%）
・転倒・転落（20%）

などが多く見られます［表25］。

事故発生場所では、
・「居間」が36%
・「台所」が23%
・「階段」が13%
・「浴室」が8%
・「玄関」が4%

となっています［表26］。

事故の内容は、
・「擦過傷・捻挫・打撲傷」が32%
・「刺傷・切傷」が22%
・「熱傷」が20%
・「異物の侵入」が12%
・「骨折」が7%

となっています［表27］が、これらの事故の33%は転倒・転落がきっかけで起きているということです。

「階段に関する事故」の例では、
階段に滑り止めがなく滑ってしまった、
スリッパが滑った
スリッパにつまずいた
布団を運んでいた
取り込んだ洗濯物を抱えていた
階段が急勾配で足を踏み外した
階段の滑り止めにつまずいた
照明が不十分であった

などがあります。

「浴室に関する事故」の例では、
・お湯で足が滑った
・石鹸で足が滑った
・バスマットに乗ったら滑った
・タイル壁を支えに立ち上がったとき手が
　滑った
・入り口の段差につまずいた
・滑ってガラス戸に手をついた
・ガラス戸にぶつかった
・浴槽の枠に手をかけたら滑った
・混合栓から熱湯が出てきた
・シャワーで誤って熱湯をかけた

などがあります。

「床・畳・敷居に関する事故」の例では、
・ワックスがけをしたばかりで滑った
・床が濡れていて滑った
・フローリングで滑った
・スリッパで滑った
・靴下を履いていて滑った
・新聞紙を踏んで滑った
・布団につまずいた
・カーペットに足がひっかかった
・敷居の段差でつまずいた

などがあります。

「玄関に関する事故」では、
・つまずく
・滑る
・踏み外す
・段差からの転落
・ドアや引き戸にぶつかったり挟まれる

などの事故がみられます。

　これら国民センターの報告書からみて、事故を起こしやすい環境要因として考えられるのは、
①床・・・滑りやすい床・敷物の厚み・カーペットの端・床に置かれた物や電気コード
②ドア・・・敷居・開き戸
③段差・・・敷居・上がり框・段差の大きい階段・踏み面の狭い階段
④照明・・・薄暗い照明・影による足元の暗さ
⑤浴室・・・滑りやすい洗い場・手が滑るもととなる壁面などの結露
⑥玄関外・・敷石・砂利道
⑦手すりの不備

などがあげられます。このような場所に①から⑥までの原因を作らないようにすることが必要でしょう。また、⑦の手すりに関しては、壁下地の補強がされていれば後付けすることは簡単にできます。住む方の身体状況と生活動線などと照らし合わせて、必要なときに手すりの設置をされるとよいと思います。

　そしてどのような身体状況になると転倒や転落事故を起こしやすくなるかを考えてみるために、60歳以上に多い症状や、その症状が発生しやすい部位をまとめて見ましょう。

①筋力低下：骨関節疾患・脳卒中後遺症
②関節の可動域制限：肩関節・股関節・膝関節・足関節・円背
③疼痛：腰痛・膝関節痛・肩関節痛

④バランス障害：老化・四肢不全麻痺・失
　　　　　　　　調症・脳卒中後遺症・
　　　　　　　　パーキンソン病
⑤すくみ足：パーキンソン病・多発性脳梗
　　　　　　塞
⑥感覚障害：足底感覚低下・しびれ・血行
　　　　　　障害・むくみ
⑦視覚障害：老人性白内障・緑内障

　これらの症状は重複して現れることが多く、病気の進行する速さや程度は人によって違いがあります。ですから新築段階でマニュアルどおりの手すりを設置しても有効でない場合があるかもしれません。そのときには身体機能を把握してくれる理学療法士や作業療法士などの方に相談し、必要に応じて手すりを追加されると良いでしょう。また、上記の症状が出てきたらできるだけ早めに対策を取られるとよいと思います。高齢になってから転倒などによって骨折をすると寝たきりになる可能性が高くなります。なるべく環境を変えることに適応できるうちに寝具の見直しや家具の配置換えなどを行い、生活に応じて住環境を見直されるとよいでしょう

Q9, 住宅改修と福祉用具の使い分け

私はケアマネジャーです。ケアプランを作成する際、参考にしたいのですが、住宅改修と福祉用具のうまい使い分けを教えてください。

A, 住宅改修を、「身体機能の低下により生じた住環境との不適合を解決するために行う住環境整備」と定義づけ、それらの方法を考えてみましょう。一つには住み方の工夫があります。後片付けを行う、ベッドや箪笥の配置換えを行う、居室変更を行うなどの方法です。足元に電気のコードがあると足を引っ掛けやすくなってしまいますので、コードを足の引っ掛からないところへ移動することなどもこの中に含まれます。工事を行わない場合だけでなく、工事を行った後でも生活をしやすくするためには、住み方の工夫は必要になるでしょう。

しかし暮らし方を変えるということに抵抗を示されたり、なぜ変えなければならないのかご理解をしてくださらないことなども多く見られることがありますので、難しい方法ということがいえます。

工事を伴わない方法の中でもう一つに、福祉用具の利用があげられます。住宅改修と福祉用具は切っても切ることができない関係です。住宅改修と福祉用具の利用が最も多い場所が浴室です。段差解消を行うのに、すのこを使用したり、手すり設置とともに入浴用いすの利用が多く行われます。

入浴用いすの利点は、洗体時の座面が高くなり立ち上がりがしやすくなることで

す。しかし欠点としては、洗い場が狭くなる、介護スペースが少なくなる、洗体時足元に手が届きにくくなる、蛇口が低くなるなどが挙げられます。利点とともに欠点を上手に説明して、洗い場の大きさと入浴用いすの配置、及び移動の動線を考慮してから、手すり設置等の改修案を検討しなければなりません。

また、屋内移動方法については、手すり設置のみで移動するのか、手すりとT杖や四点杖の併用を行うのか、平地歩行は歩行器を使用するのか、車椅子移動をするのか、杖や手すりを併用しても段差昇降が不安定か、どの程度の段差ならばスロープで対応できるのか、床のかさ上げや沓ずり撤去などの段差解消を検討したほうがよいのか、使用福祉用具とともに検討しなければなりません。

これらのことを検討しながら、動作において不自由なことを便利にする、困難なことをできるようにする、介助を楽にする、などの改修目的をはっきりさせ、生活の便利さが見てくるような住宅改修案を提案されるとよいでしょう。ですから、使い分けというよりも、福祉用具を使用することを前提として、住宅改修の方法の検討が必要と思われます。

Q10, 歩行器 or 住宅改修?

私はケアマネジャーです。利用者の方から、「コップを載せて移動できる歩行器が欲しい」といわれました。このような歩行器はあるのでしょうか。歩行器がなければ住宅改修をすればよいのでしょうか。教えていただけますか。

A, 「コップを載せて移動できる歩行器」という言葉の中にいろいろな意味合いがあると思います。いきなり歩行器探しをするのではなく、どのような身体機能の方が、どんなコップを、どのようなときに、どこを通って、どのように移動するのか、というように分けて考えてみるとよいでしょう。

コップを運ぶのは、例えば仏様にお水やお茶をあげるためでしょうか。台所からダイニングまで食事のときの飲み物を運ぶためでしょうか。その目的により移動動線も変わってきます。

ご本人の身体状況からの実用的な移動方法はどのような方法でか考えてみると、歩行器を使用したいと思われたのは、疼痛のためでしょうか。下肢の筋力低下のためでしょうか。その疼痛は腰痛でしょうか。膝の痛みでしょうか。筋力低下や麻痺があるのでしょうか。だんだん力が入らなくなってきたのでしょうか。バランスの低下はあるのでしょうか。

筋力低下ならば両手もしくは片手で体重を支えられるような四点杖や歩行器の中でもグリップハンドルタイプが考えられます。

疼痛の場合も、両手もしくは片手で体重が支えられるような、ロフストランド杖やサイドケインや、歩行器の中でもグリップハンドルタイプが考えられます。

バランスの低下の場合は、ロフストランド杖やグリップハンドルタイプの歩行器が考えられますが、支持基底面を広くした方が安定すると考えられます。

移動動線の段差はどのようになっているのでしょうか。

開き戸で段差があるのか、引き違い戸で段差があるのか、開き戸の場合沓ずりを撤去できるのか、段差が2cmまでであればスロープの対応も考えられますが、沓ずり撤去の方がコップに水が入っていてもスムーズに移動することが可能となると考えられます。

これらのように状況把握から部分的に解決策を考えていきながら、全体的な動作の中で一番実用的で安全な対応策を考えることが必要だと思いますが、歩行器の中でも屋内用の歩行車にトレー付きやコップを置くことができるものがあります。宅配便や配食されるお弁当の受け渡しをどうするのか等、よくお話を聞いて福祉用具だけでなく住宅改修での対応を含めて考えていただければよいと思います。

Q11, 手すりの機能

ケアマネジャーですが、利用者の方から手すり工事の依頼が大変多くなってきました。工務店さんと一緒にご本人の希望通りに付けていましたが、本当にそれでよいのか迷うことがあります。手すりの機能にはどのようなものがあるのでしょうか。

A, 手すりの機能は四つ。

一番目には水平移動の補助です。いわゆる歩行の補助となる手すりで、横手すりになります。手すりの高さは「気をつけ」をしたときの手首に茎状突起という突起が親指側と小指側にあります。この突起の高さに合わせて手すり設置を行いますが、この高さで歩くときは杖をつくように手すりにつかまる場合、すなわち手に体重をかける場合です。麻痺がある方や疼痛があり健側に体重をかける人の場合には、この高さにするとよいでしょう。しかしバランスが悪い方やふらつきの見られる方の場合は、バランスをとるためにやや高めに合わせる場合があります。

二番目は垂直移動の補助です。立ち座りや段差昇降といった場合、重心が垂直に移動しますがその場合に用いられるのが縦手すりです。手すりの高さは、低い床面に立ったときの肘の高さを下端にして、高いほうの床面に立ったときの肩の高さを上端にします。

三番目は方向転換の補助です。廊下の曲がり角やトイレの中での方向転換のとき、トイレから出るときの支えなどに使用します。手すりの高さは「気をつけ」をして肘から肩の高さを基準として、上下に100mm程度伸ばした長さに付けることが多くあります。

四番目は浴室内での浴槽またぎの補助があります。正面から浴槽をまたぐときには縦手すりを設置します。正面から足を上げるときには上体を起こし、股関節を上に曲げてまたぎますので、おおよそつかみたくなる高さは肩の高さになります［写真42］（100ページ）。足を横に上げて側方からまたぐ場合には横手すりを設置します。このときは体幹をやや前屈位にして両手の肘を軽く伸ばした状態で体を支え、足を上げる動作になりますので［写真45］、手すりの高さはおおむね浴槽の縁から上300mm前後のところにつけることが多くあります。

Q12, 段差はとるべき？　残すべき？

私はケアマネジャーです。住宅改修に当たり、高齢者には多少の段差があるほうが身体機能を維持できるという話を聞きましたが、段差をとったほうがよいのでしょうか。それとも段差は残しておいたほうがよいのでしょうか。

A, 結論から申しまして、特に高齢者の住まいでは段差はない方がよいと思います。Q8のように「布団につまずいた、カーペットに足が引っ掛かった、敷居の段差でつまずいた」というような転倒事故を起こしてしまうと骨折をして、ひどい場合には寝たきりになってしまう可能性があります。1999年の国民生活センターの報告書によりますと、事故に合った人の年齢から見た特徴は、加齢とともに「中等症」「重症」の割合が高くなり、特に65歳以上の高齢者でその割合は高くなるとあります。

また、事故にあった人の年齢別に事故にかかわった商品では、65歳以上では、転倒・転落に結びつきやすい階段・脚立・床・玄関が多く、また階段の事故は家庭内事故の11％を占め、住宅関連事故の35％にも及んでいるということです。

高齢になりますと、しびれや血行障害によって足の感覚が鈍くなり、敷物程度の微妙な段差を足の裏が感知できないケースや、膝などの関節の痛みによって、思うように足が上がらない人も多いと思われます。このような身体機能の低下は徐々に進行することが多く、数年前には何の支障もなく乗り越えられていた段差が、次第に負担に感じてきたり、もしくは負担に感じない状態でいつの間にか足がつまずくようになってきたりするものです。自分で気がつかないときのうちに早めに安全な環境を作るということが、とても重要になってきます。

また、身体機能を維持する要因は、家庭内の段差でしょうか。高齢になっても元気な人は外出する機会が多かったり、生活範囲が広いということがいえるのではないでしょうか。身体機能の維持には、動きたい、出かけたいという気持ちが大きく影響を及ぼすということがいえるでしょう。

参考文献
『生活に合わせたバリアフリー住宅Q＆A』
ミネルヴァ書房
溝口千恵子・加島　守

Q13, 立ち上がりの工夫

私の父は85歳になりました。いすや便器から立ち上がるのが大変になってきていて、箪笥につかまったりカーテンにつかまったりと見ていて不安になります。立ち上がりやすくするのには手すりを付ければよいと思うのですが、手すりが付かないところもあります。どのような工夫をすればよいのでしょうか。

A, 高齢になってくるといすから立ち上がるときに重心が前に行かずに後方に落ちたまま立ち上がって、尻もちをつきやすくなってしまいます。トイレのように壁があるところでは、主に利き手側の壁にL字の手すりをつけることをおすすめいたします。L字の手すりの横手すり部分は、排泄姿勢の安定のためにつかまるところですので、便器に座って肘を90度に曲げたときの肘の高さ（おおむね便座から25cm程度のところになると思います）に合わせるとよいでしょう。L字手すりの縦手すりの部分ですが、立ち上がるための手すりであり、立位保持のための手すりになります。立ち上がるときには重心が前上方に移動しますので、縦手すりの芯が便器先端から200mm〜250mm程度に合わせて取り付けるとよいでしょう。

　ここで立ち上がり動作というものをもう一度考えてみたいと思います。

　立ち上がりの重心移動を図19で説明します。股関節・膝関節が90度で端座位をとっているとき、重心は第三腰椎のやや前方にありますので、その重心位置を丸で示しています。立ち上がったあとの重心位置は第二仙骨前方にありますので、その位置を丸で示しています。座位から立位をとるときには、重心が上前方に移動してきます。また、立ち上がり動作では、立ち上がる前に足を引き、その後お辞儀をしながら体幹を前傾していきます。そして、頭部が膝よりも前に出たところで臀部が挙上し、端座位では臀部の下にあった重心が足の下に移動してきます。重心が足の下のところに移動した後、股関節は伸展し頭部は立位のときの足を通る垂直線上に戻ってきます。このように重心移動は上下の重心移動ばかりでなく、前後の重心移動も立ち上がり動作の中では行われています。

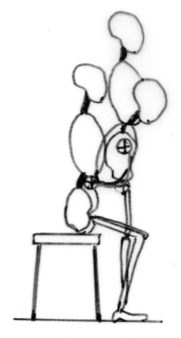

[図19]　立ち上るときの重心移動

座面が低いときの重心移動よりも座面が高いときの重心移動のほうが移動距離が少なくなりますが、安定して座るためには座面の高さと下腿の足の長さ（足の裏から膝裏までの距離）を同じぐらいにしたほうがよいでしょう。

また、重心が前方へ移動するときのサポートとして前方に手すりを設置する方法があります。前方に付いた手すりを上前方に引っ張ることにより、重心の移動をスムーズに行うための物なので、手すりは前方の壁の肩よりも上方に設置した方が、スムーズに立ち上がることができるようになります。

家の中での工夫になりますが、

①いすや腰掛けている物の高さを少し高めにする（この場合トイレの便器の高さが400mm程度なのでその高さを目安にされるとよいでしょう）。
②重心を前方に移すことができるように、膝の横に台やテーブル、壁や柱に固定した箪笥を、立ち上がるきっかけにつかまることができるように座る位置を工夫する。
③ベッドの場合、昇降機能付きのベッドにする。
④ベッドに手すり（ベッド用てすり）をつける。
⑤トイレの場合、横の壁にL字の手すりをつける。
⑥トイレの正面の壁に横手すりを設置する場合には、便器に座った状態で、肩の高さよりも高めに手すりを取り付ける。
⑦据え置き式の手すりの設置等、工事不用の手すりを使用する。

これらの工夫により、立ち上がりの負担は軽くなると思われます。

参考文献
『生活に合わせたバリアフリー住宅 Q&A』
ミネルヴァ書房
溝口千恵子・加島　守

【著者紹介】

加島　守（かしま　まもる）

昭和55年医療ソーシャルワーカーとして勤務後、理学療法士資格取得。越谷市立病院、武蔵野市立高齢者総合センター補助器具センター勤務を経て、平成16年10月高齢者生活福祉研究所設立、所長。

共著書として、『ケアマネジメントのための福祉用具アセスメントマニュアル』（中央法規出版）、『生活に合わせたバリアフリー住宅Q&A』（ミネルヴァ書房）、『車いすシーティング』（はる書房）、『福祉用具プランナーテキスト』（財団法人テクノエイド協会）、『福祉用具支援論』（財団法人テクノエイド協会）、『ガイドラインにそった福祉用具の選択・活用法』（東京都高齢者研究・福祉振興財団）、『福祉住環境コーディネーター検定試験2級公式テキスト』（東京商工会議所）、『福祉用具専門相談員研修用テキスト』（中央法規出版）、『増改築相談員の基礎知識2「性能向上リフォーム」』（財団法人住宅リフォーム・紛争処理支援センター）。

委員会等として、厚生労働省「身体拘束ゼロ作戦推進会議ハード改善分科会」委員、福祉用具（車いす）適合技術に関する調査研究委員、福祉用具等適合相談体制検討委員会委員、病院ベッド国際標準案作成調査委員、介護職員の腰痛対策にかかわる福祉用具利用研究会委員、JIS入浴・排泄用品原案作成委員会委員、電動三・四輪車適合マニュアル検討会委員、介護サービス分野におけるサービス生産性の向上に向けた福祉機器開発の調査委員、要介護高齢者が生活できる住宅の仕様に関する調査委員、日本リハビリテーション工学協会移乗SIG理事、新潟医療福祉大学非常勤講師、財団法人保健福祉広報協会評議員。

住宅改修アセスメントのすべて［改訂版］
介護保険「理由書」の書き方・使い方マニュアル

2020年6月11日　初版発行

著　者　加島　守　©2020 M.Kashima

発行者　高橋　考

発　行　三和書籍 Sanwa co.,Ltd.

〒112-0013　東京都文京区音羽2-2-2
電話 03-5395-4630
FAX 03-5395-4632
郵便振替 00180-3-38459
http://www.sanwa-co.com/
印刷/製本　中央精版印刷株式会社

バリアフリー住宅読本［新版］
＜高齢者の自立を支援する住環境デザイン＞

高齢者住環境研究所・バリアフリーデザイン研究会　著
A5判　235頁　並製　定価2,500円＋税

●家をバリアフリー住宅に改修するための具体的方法、考え方を部位ごとにイラストで解説。バリアフリーの基本から工事まで、バリアフリーの初心者からプロまで使えます。福祉住環境必携本‼「介護保険制度の住宅改修の基本」「やってはいけないバリアフリーの常識・非常識」の2章を新たに加えた待望の［新版］です。

【目次】
◎　介護保険制度の住宅改修の基本
1. 日常の動作をバリアフリーにする
2. 日常の生活をバリアフリーにする
3. 住宅をバリアフリーに改修する
　浴室工事／トイレ工事／居室工事／
　階段工事／玄関工事／外構工事
4. やってはいけない！　バリアフリーの常識・非常識

バリアフリーマンション読本
＜高齢者の自立を支援する住環境デザイン＞

高齢社会の住まいをつくる会　編
A5判　136頁　並製　定価2,000円＋税

●一人では解決できないマンションの共用部分の改修問題や、意外と知らない専有部分の範囲などを詳しく解説。ハートビル法にもとづいた建築物の基準解説から共用・専有部分の具体的な改修、福祉用具の紹介など、情報が盛り沢山です。

【目次】
Ⅰ　共用部分の改修
　1. マンションの分類　共用部分と専有部分
　2. バリアフリー化工事の流れ
　3. マンションの共用部分のバリアフリー化
　4. マンションのバリアフリー施工例
　5. バリアフリー改修実態調査報告
Ⅱ　専有部分の改修
　1. 専有部分とは？
　2. 専有部分の改修にあたっての問題
　3. 専有部分のバリアフリー改修の実態
Ⅲ　法律を知る
　1. 改正ハートビル法
　2. 高齢者が居住する住宅の設計に係る指針

三和書籍の好評図書

Sanwa co.,Ltd.

住宅と健康
＜健康で機能的な建物のための基本知識＞

スウェーデン建築評議会編　早川潤一　訳
A5変判　280頁　上製　定価2,800円＋税

●室内のあらゆる問題を図解で解説するスウェーデンの先駆的実践書。シックハウスに対する環境先進国での知識・経験を取り入れ、わかりやすく紹介。

【目次】
第1章　問題
第2章　人間への影響
第3章　材料からの発散
第4章　湿気
第5章　換気
第6章　オペレーション
第7章　協力
第8章　オーナーの要求

改正建築士法Q＆A
＜ポイントと対応＞

建築士法研究会　編
B6版　130頁　並製　定価1,400円＋税

● 2006年に一部改正された建築士法等。その改正の経緯から施行に向けての動きまでをわかりやすく解説した一冊。詳しい内容ながらQ＆A型式なので知りたいポイントをすばやく理解することができる。行政・関係者団体などの情報も満載。

【目次】
第1章　建築士法等改正の概要Q＆A
　　　　建築士法の一部改正
　　　　建築基準法の一部改正
　　　　建設業法の一部改正
第2章　建築士法等の改正までの経緯
第3章　施行に向けての動き
第4章　改正建築士法の施行に向けての課題

三和書籍の好評図書

Sanwa co.,Ltd.

建築基準法の耐震・構造規定と構造動力学 (第2版)

石山祐二北海道大学名誉教授・工学博士 著
A5版　562頁　並製　定価4,800円＋税

●日本の耐震規定は、建築基準法と同施行令と建設省告示・国土交通省告示などによって詳細に規定されていますが、なかなか分かり難いのが実状です。そこで本書では、耐震規定の全体像を分かりやすくまとめ、さらに法令・告示にどのように対応しているかを簡潔に示しております。初学者にも理解しやすい定番書です。

【目次】
第Ⅰ部　耐震規定と構造計算
　　　　第1章　建築基準法の耐震規定
　　　　第2章　構造計算について
第Ⅱ部　建築基準法の構造関連規定
　　　　第3章　建築基準法・施行令の構成と概要
　　　　第4章　施行令による構造種別と構造要件
　　　　第5章　施行令による構造計算
　　　　第6章　法と令第3章第1〜7節による構造関係の主な告示
　　　　第7章　構造計算関係の主な告示
　　　　第8章　許容応力度，基準郷土，材料強度関係の主な告示
第Ⅲ部　構造力学
　　　　第9章　構造物に作用する力と静定構造物
　　　　第10章　構造物の変形と仕事の定理
　　　　第11章　不静定構造物の解析
　　　　第12章　弾塑性解析と保有水平耐力

耐震規定と構造動力学 ＜新版＞
＜建築構造を知るための基本知識＞

石山祐二北海道大学名誉教授・工学博士 著
A5版　394頁　並製　定価4,200円＋税

●建築構造の「どうしてそうなるのか」を数式で丁寧に解説。「海外の耐震規定」が大幅に改正されたのにともなって、第8章は全面書き換えとなっています。建築構造にかかわる技術者や学生にとって必読の書です。

【目次】
第Ⅰ部　地震被害と耐震技術・規定
　　　　第1章　地震被害と耐震技術
　　　　第2章　日本の耐震規定
第Ⅱ部　構造動力学の基礎
　　　　第3章　1自由度系
　　　　第4章　多自由度系
第Ⅲ部　構造動力学の応用
　　　　第5章　地震工学への応用
　　　　第6章　非線形応答への展開
　　　　第7章　構造動力学ア・ラ・カルト
第Ⅳ部　付録
　　　　第8章　海外の耐震規定